학교와 마을을 잇는
교육공동체

이카스톨라 이야기

자율과 협동을 배우는 신뢰의 교육학

학교와 마을을 잇는
교육공동체

이카스톨라
이야기

아마이아 안테로 인차우스티 지음

남선옥·주수원·한상민 옮김

COOPERATIVE
착한책가게

오늘날 한국 교육의
새로운 변화를 위하여

〈근대 학교 제도를 재판합니다〉[1]라는 동영상이 있습니다. 영상 속의 한 남자는 법정에 서서 시대에 뒤떨어진 오늘날의 학교 제도를 고발하며 다음과 같이 말합니다.

"150년 전의 전화기와 비교하면 지금의 전화기는 상상할 수 없을 정도로 변화했고, 150년 전의 자동차와 오늘날의 자동차도 믿을 수 없을 정도로 다른데, 왜 교실은 150년 전과 똑같은가요? 학교는 미래를 준비하는 곳인가요, 아니면 과거를 준비하는 곳인가요?"

그는 세상은 변화하고 있는데 학교는 왜 변화하고 있지 않은지, 모든 아이들에게 똑같은 지식을 전하고 평가하는 과거의 교육을 왜

---

1 • https://youtu.be/515TnRSD4DI

여전히 고수하고 있는지 사람들에게 되묻습니다.

그렇다면 미래를 준비하는 새로운 교육은 어떤 것이며, 이를 위해 우리는 무엇을 바꾸어야 할까요? 이 책은 바로 그러한 질문에서 출발합니다. 이 책에서 말하는 새로운 교육 방향을 오늘날 한국의 교육 상황과 연결하여 크게 세 가지로 살펴보겠습니다.

첫 번째는 새로운 시대 변화에 따른 교육적 변화가 요구되고 있다는 것입니다. 이 책에서는 전통적인 교육이 기존의 지식과 경험을 그대로 전수하는 데 머무르고 있으며, 이러한 방식이 더 이상 유효하지 않다고 말합니다. 이러한 교육 방식은 개인의 성장 및 발달과 관련된 자연법칙을 존중하지도 않고, 미래 사회의 요구와도 맞지 않기 때문입니다. 그러나 오늘날 사회는 급격하게 변화하고 있습니다. 2016년 스위스 다보스 포럼에서는 4차 산업혁명에 대해 논의하며 전 세계 아이들의 65%가 현재 존재하지 않는 새로운 직업을 갖게 될 것이라 예측했습니다. 인공지능의 발달로 단순히 지식과 기술을 습득하는 게 아니라 이를 상황에 맞게 활용할 수 있는 역량이 중요해지고 있습니다. 그리고 이러한 역량 개발을 위해서는 개인의 창의성과 개성에 맞춘 새로운 교육이 필요합니다.

이카스톨라에서는 이에 대한 대안으로 '신뢰의 교육학'을 제시하고 있습니다. 신뢰의 교육학이란 아이들이 자기 자신과 그들을 둘러싼 세계에 대한 신뢰를 바탕으로 서로 협동하며 역량을 키워 나가는 교육을 말합니다. 신뢰의 교육학은 다양한 모둠 활동, 개별 학생

을 위한 맞춤 교육, 상황과 맥락에 맞는 역량 교육, 자기 주도적이고 능동적인 학습, 문제 해결 능력 향상 등을 목표로 하며, 인간은 타인과의 상호작용을 통해 학습한다고 주장하는 사회적 구성주의 이론에 바탕을 두고 있습니다.

신뢰의 교육학은 우리나라의 혁신교육과도 맞닿아 있습니다. 2009년에 경기도에서 처음 시작된 혁신교육은 학생, 학부모, 교사의 민주적인 참여를 통해 창의적이고 협동적인 수업을 추구하는 새로운 교육 모델로, 이후 서울을 비롯한 다른 지역으로 확대되었습니다. 최근에는 국가 단위에서도 2015 개정 교육과정의 목표를 '창의·융합형 인재 육성'으로 정하고 초등학생과 중·고등학생의 핵심 역량을 강화하는 교육으로 방향을 전환했으며, 2019 개정 누리과정을 유아·놀이 중심 교육과정으로 개편하고 영유아의 미래 핵심 역량을 키워주는 교육과정으로 전환한 바 있습니다.

두 번째는 이러한 새로운 교육적 변화를 학교와 지역사회가 함께 만들어 가야 한다는 것입니다. 이카스톨라는 지역사회로부터 고립된 섬과 같은 학교가 아닙니다. 이 책은 이카스톨라의 형성 과정에 가정과 마을이 항상 연관되어 있다는 점을 강조합니다. 가정과 마을이 개입하지 않고 학교를 설립하고 운영하는 것이 불가능하다는 것입니다. 그동안 학교는 지역사회와 분리된 곳이었습니다. 아이들은 교육적으로 특화된 학교 공간에서 오로지 공부만 해야 했습니다. 그러나 개인의 역량은 책상 앞이 아닌 구체적인 상황을 통해 발

달되며 입증됩니다. 실제적이고 구체적인 삶이 있는 지역사회와 학교가 연결되어야 하는 것도 이 때문입니다.

우리나라에서도 2014년부터 마을교육공동체가 새롭게 등장했습니다. 마을교육공동체란 학교와 지역사회가 분리되어 있는 것이 아니라 하나로 통합되어, 아이들로 하여금 지역사회 안에서 이웃과 함께 어떻게 살아가야 할지 스스로 고민하게 하는 교육 모델입니다. 그래서 마을의, 마을에 의한, 마을을 위한 교육이라고도 합니다. 이러한 마을교육공동체의 모습은 학교와 마을을 잇는 교육공동체 이카스톨라의 모습과도 상당 부분 닮아 있습니다.

세 번째는 새로운 교육적 변화를 지속하기 위한 방안으로 협동조합을 제안한다는 것입니다. 이 책에 소개된 아리스멘디 이카스톨라[2]는 유치원에서부터 직업 훈련 학교까지 전체 12개 학교와 3천 2백여 명의 학생으로 이루어져 있으며, 3백여 명의 전문가가 2천여 가구와 함께 일하고 있는 협동조합 학교입니다. 바스크 지역에는 아리스멘디 이카스톨라 외에도 여러 이카스톨라들이 모여 연합회를 이루고 있습니다. 이카스톨라 연합회[3]는 전체 110여 개의 학교와 5만 6천여 명의 학생으로 이루어져 있으며, 대부분 교사 및 학부모가 공동으로 소유하고 운영하는 협동조합입니다. 결국 이카스톨라가 만

---

2 • www.arizmendi.eus

3 • www.ikastola.eus

들어 낸 새로운 교육 제도는 자치와 협동을 강조하는 바스크 시민의 노력이 만들어 낸 결과물인 것입니다.

1939년에 스페인 내전이 끝나고 바스크 시민들은 황폐화된 지역을 다시 살리고자 힘을 합쳐 학교를 세우고, 지역에 필요한 물품을 생산해 냈습니다. 이러한 과정에서 만들어진 것이 바로 오늘날 가장 성공적인 협동조합으로 손꼽히는 몬드라곤입니다. 몬드라곤은 8만 5천여 명을 고용하고 있는 스페인 10대 기업 중 하나입니다. 몬드라곤 창립에 크게 기여했던 호세 마리아 신부는 '협동조합'을 일컬어 '경제적 수단을 활용한 교육 운동'이라고 이야기합니다. 바스크 시민들이 지역사회 안에서 서로 신뢰하고 협동하며 살아가는 사람으로 자라날 수 있도록 든든한 기반이 되어 준 것이 바로 협동조합이었기 때문입니다.

우리 사회에서도 혁신교육과 마을교육공동체를 지속하기 위해 협동조합이라는 방식이 새롭게 모색되고 있습니다. 1994년에 처음 공동육아협동조합이 생긴 이후 현재 전국에 170여 개의 협동어린이집이 운영되고 있습니다. 2013년부터는 중·고등학교 매점을 중심으로 학교 내 협동조합이 생겨났으며, 현재 100여 곳이 넘는 학교에서 다양한 협동조합이 운영되고 있습니다. 2019년에는 서울시 노원구에서 제1호 협동조합 유치원이 문을 열었습니다.

이처럼 이 책에 나오는 이야기는 결코 나와 상관없는 먼 나라의 이야기가 아닙니다. 우리 사회에서도 일찍부터 논의되었고, 현재 여

러 곳에서 다양한 시도가 펼쳐지고 있는 이야기입니다. 신뢰의 교육학을 기반으로 한 이카스톨라의 이야기를 우리나라의 혁신교육, 마을교육공동체, 협동조합과 연결하여 바라본다면 책 속의 이야기가 훨씬 더 가까운 나의 이야기로 다가올 수 있을 것입니다.

이 책의 1장부터 3장까지는 이카스톨라와 신뢰의 교육학의 탄생 배경과 개념, 일반적인 체계와 내용을 간단하게 소개하고 있습니다. 그리고 4장에서는 신뢰의 교육학에 관한 구체적인 내용을 자세히 소개하고 있습니다. 다양한 이론적 배경과 교육 활동이 소개되어 있지만, 세세한 내용보다는 신뢰의 교육학이라는 큰 줄기에 초점을 맞춰 읽어 주시기 바랍니다. 아울러 이 책을 통해 우리 사회에서도 혁신교육, 마을교육공동체, 협동조합이 함께 연결되어 새로운 교육에 대한 논의를 활발하게 진행해 나가기를 바랍니다.

마지막으로 이 책의 한 구절을 소개하며 새로운 교육이란 무엇인지 함께 생각해 보고자 합니다.

"우리는 이카스톨라의 모든 학생이 자신감을 갖기를 원하며, 스스로 가치 있는 존재라고 느끼는 동시에 주위 환경에 대해 신뢰하기를 원한다. 그러한 신뢰가 있어야 각자의 재능을 발견하여 개발할 수 있고, 결국 행복해질 수 있기 때문이다. 그리고 이처럼 각자 자신의 재능을 최대한 발휘할 때 다시 신뢰가 생겨난다. 어떠한 대상을 신뢰하기 위해서는 그것의 긍정적이고 가치 있는 면을 발견할 수 있어야

한다. 신뢰는 저절로 만들어지지 않으며, 단단한 기반 위에서 구축
된다."

옮긴이를 대표하여

주수원

차례

이카스톨라와 신뢰의 교육학,
그리고 바스크의 시민 자치 교육

스페인 바스크 지역의 교육공동체 '이카스톨라 에우스칼 에리아
Ikastola and Euskal Herria'는 60여 년 동안 이어져 왔다. '에우스칼 에리아'
는 '바스크 지방'이라는 뜻으로, 수 세기에 걸쳐 바스크 사람들이 사
용해 온 고유어다. 한편 '이카스톨라'는 20세기에 만들어진 개념으
로, 바스크 사람들을 교육하기 위해 바스크 사회가 고안해 낸 특별
한 형태의 학교를 가리킨다.

이카스톨라는 완전히 새로운 교육 체제다. 바스크 사람들은 오
랫동안 스페인 또는 프랑스 가톨릭교회의 교육 체제에 따라 아이들
을 양육해야 했다. 그러나 바스크 사람들은 자신들에게 맞는 학교
와 교육 체제가 필요했고, 결국 스스로의 힘으로 새로운 교육 체제
를 만들기 위해 움직이기 시작했다. 철학자 베아트리체 브루토Beatrice
Bruteau는 다음과 같이 말했다. "우리는 세상이 바뀌고 시대가 바뀌기

를 기다릴 수 없다. 혁명을 통해 우리 스스로 세상과 시대를 바꿔야 한다. 우리가 새로운 길을 따라 걸어가야 한다. 우리 자신이 미래이 자 혁명이다."

20세기 후반 바스크 지역에서는 급격한 경제 성장으로 인해 수 많은 공장 노동자들, 작은 상점들과 점원들 그리고 전문직 노동자들 이 늘어나기 시작했다. 그 결과, 새로운 중산층이 탄생했는데, 이들 은 바스크 지역 공동체의 구성원으로서 다음과 같은 생각을 공유하 고 있었다. 첫째, 우리는 바스크 지역에서 교육받기를 원한다. 둘째, 우리 지역의 문제는 우리 스스로 결정하기를 원한다. 셋째, 우리는 언제든 우리의 급여 중 일부를 이카스톨라 프로젝트에 투입할 준비 가 되어 있다. 결국 이러한 고민과 논의 끝에 1950년대 말, 첫 번째 바스크 자주관리 프로젝트인 이카스톨라 프로젝트가 시작되었다.

이카스톨라 프로젝트는 이후 몇 십 년에 걸쳐 계속되었고, 바스 크 지역 전체로 확장되었으며, 바스크 사회를 완전히 바꿔 놓았다. 이카스톨라는 바스크 지역의 교육 개발을 위한 학교 네트워크로서 처음부터 지역사회에 의해, 자주관리에 의해, 협동에 의해, 사회적 활동에 의해 구축되었다. 이는 사회학자 루크만Luckmann의 다음과 같 은 말이 그대로 실현된 것이기도 하다. "행동이 항상 역사를 만들어 내지는 않지만, 행동은 사회를 만들어 낸다. 행동은 현실을 만들어 내고, 이를 끊임없이 재생산하며 소통을 이루어 낸다. 행동은 권력 을 부여하는 동시에 권력에 대항한다. 행동은 의심할 여지없이 인간

의 사회적 본성의 본질적인 표현이다."

이카스톨라는 교육 패러다임의 전환을 불러일으켰다. 교육과정에 바스크 문화의 전통적 가치와 현대적 가치를 반영했으며, 영유아 교육의 중요성을 강조하고, 소년과 소녀를 함께 교육했다. 새로운 교육적 접근 방법을 사용하고, 새로운 교육 자료를 만들어 냈다. 학교 교육에 관한 의사 결정에 학부모가 적극적으로 참여하도록 했고, 이웃 간 도시 간 활발한 상호 교류를 이루어 냈다. 다시 말해, 기존의 공립학교 및 사립학교와는 전혀 다른 학교 체제에서 새로운 유형의 교육이 이루어졌으며, 공동체 구성원들의 자주관리, 협동, 자치를 통해 사회적 혁신을 이룰 수 있다는 것을 보여 주었다.

그렇다면 앞으로 21세기를 살아갈 바스크 지역의 어린이와 청소년 그리고 성인들의 삶을 위해 이카스톨라는 어떠한 교육목표를 갖고 있을까? 오늘날 이카스톨라의 교육목표는 스스로를 발전시키는 동시에 다른 이들과 협동하는 개인을 양성하는 것, 다시 말해 자기 자신과 공동체의 변화를 위해 노력하는 적극적인 주체로 만드는 데 있다. 바스크어를 사용하는 사람들의 수는 계속해서 증가하고 있다. 바스크 지역 자문 위원회는 2036년에 이르면 바스크 지역 공동체의 구성원 대다수가 바스크어를 사용하게 될 것이라고 예측했다. 3세대에 걸친 노력을 통해 바스크 사회는 지난 세기에 상실했던 고유의 말과 글을 되찾을 수 있게 되었다. 이처럼 바스크 사회의 미래는 바스크 젊은이들의 행동과 결정에 달려 있다. 이들이 건전하고 협동적

인 바스크 시민으로 자라날 수 있도록 돕는 것이 이카스톨라의 역할이다.

'신뢰의 교육학'은 바스크 시민교육의 핵심이다. 19세기 미국의 사상가 랠프 월도 에머슨R. W. Emerson은 "스스로에 대한 믿음이 성공의 첫 번째 비밀"이라고 말한 바 있으며, 그의 말은 20세기 연구자들에 의해 사실로 확인되었다. 인간의 인지 과정에 대한 연구가 계속될수록 신뢰와 동기부여가 개인의 호기심과 창의성, 지식, 행동, 관계, 협동 등에 영향을 미친다는 결과가 나오고 있다.

우리는 다른 사람과 대화하고 소통할 줄 아는 사람을 원한다. 공동체의 주체적이고 적극적인 구성원, 지역사회를 위해 활동하는 자율적인 시민, 자율적이면서도 협동적인 개인을 원한다.

그렇다면 이러한 목표를 이루기 위해 무엇을 어떻게 해야 할까? '신뢰'의 '교육'이 바로 그 답이다. '교육'은 인간과 동물을 구별하는 가장 큰 특징으로, 인간을 사회화하며 개인적·사회적·환경적 측면에서 생존하고 변화할 수 있도록 한다. 그리고 인간의 개인 활동과 집단 활동은 기본적으로 '신뢰'를 필요로 한다. 그들의 본성이나 성향을 파악하기 전에 그 사람 자체를 바라보는 게 중요한 이유가 여기에 있다. 이것이 바로 신뢰의 시선이다. 이카스톨라는 학생을 교육하기에 앞서, 이들 개개인을 하나의 인격체로 마주하려 노력한다. 이것이 바로 이카스톨라의 교육 철학이며, 모든 교육 활동은 여기에서부터 시작된다. 이카스톨라는 '동기부여'를 통해 아이들이 앞으로

의 삶을 준비할 역량과 능력을 키울 수 있도록 돕는다. 그리고 '주체성'을 통해 창의적이며 유능한 개인으로 자라날 수 있게 하고, 적극적이고 협동적인 교육과 사회적 상호작용의 촉진자가 될 수 있도록 한다. 마지막으로 '진심'을 담아 아이들이 바스크 문화에 뿌리를 둔 정체성을 형성할 수 있도록 하고, 바스크 '정신'을 협동하는 공동체의 자주관리 원칙에 담고자 한다.

이것이 바로 오늘날 이카스톨라가 직면하고 있는 과제들이다. 이카스톨라는 언제나 사회적 전환을 목표로 해 왔다. 이카스톨라의 영향을 고려하지 않고서는 오늘날 바스크 사회를 이해하기 어렵다. 그리고 랠프 월도 에머슨이 이야기했듯이 바스크 사회가 이룬 성공의 핵심은 신뢰에 있다. 이카스톨라는 개개인에게 신뢰를 심어 주었고, 공동체 구성원에 신뢰를 심어 주었으며, 이웃과 마을, 나아가 바스크 지역 전체에 신뢰를 심어 주었다.

이카스톨라가 보여 준 신뢰는 바스크 사회의 잠재력을 일깨우고 발전시키는 데 결정적인 역할을 했다. 이제 이카스톨라는 이러한 신뢰를 훈련해 나가려고 하며, 우리의 교육목표는 다음과 같다. 첫째, 자기 자신이 되는 법과 자기 자신을 발전시키는 법을 아는 개인으로 키우는 것이다. 둘째, 창의적이고 생산적이며 협동적인 시민으로 성장시키는 것이다. 셋째, 사람들의 자유를 옹호하고 대변하는 바스크인을 양성하는 것이다. 이 프로젝트를 지속하기 위해 우리는 다음과 같은 전략을 갖고 있다. 첫째는 심리적 변화를 불러일으키는 동기

부여, 둘째는 자주관리를 가능하게 하는 광범위한 협동조합, 셋째는
신뢰의 교육학에 기초한 교육적 접근이다.

아리스멘디 이카스톨라 대표

호세바 이냐키 에체사레타 Joseba Iñaki Etxezarreta

자율과 협동을 배우는 신뢰의 교육학

로레아 아기레(이하 '로') ▷ 오늘날 전통적 교육 방식이 더 이상 들어맞지 않는 이유는 무엇인가? 왜 우리는 그것을 바꾸어야 하는가?

아마이아 안테로 인차우스티(이하 '아') ▷ 교육 전문가들 그리고 교육 변화를 주도하고 있는 혁신 학교들에 따르면, 우리가 어릴 때 경험했던 전통적 교육 방식은 더 이상 쓸모가 없다고 한다. 그 이유는 무엇일까? 첫 번째는 전통적 교수법이 개인의 성장이라는 자연법칙을 제대로 존중하지 않기 때문이고, 두 번째는 전통적 교육학이 학생들을 다가올 미래 사회에 맞게 준비시키지 못하고 있기 때문이다.

지난 몇 년 간 심리학과 신경 과학 분야의 연구자들이 인간의 감

정과 인지에 관한 새로운 연구와 지식을 쏟아 내고 있다. 이들은 전통적 교육체계 안에서 만들어진 대부분의 교수법에 문제를 제기한다. 인간의 작동 방식을 설명하는 이러한 연구들 덕분에, 우리는 이제 학생들의 학습 과정과 인지 과정에 대해, 학습 분위기를 조성하거나 방해하는 요인들에 대해, 그리고 학습 과정에서 감정의 기능과 중요성 등에 대해 이전보다 훨씬 더 많이 알고 있다. 우리는 이러한 지식을 무시해서는 안 된다.

우리가 살고 있는 지구의 한쪽 구석에서도 변화는 계속해서 일어나고 있다. 그리고 이러한 변화 속도는 너무 빨라서 우리의 삶을 불안정하게 만들고 있다. 변하지 않는 것이 거의 없다. 따라서 단순히 지식을 전달하는 것은 더 이상 의미가 없다. 이처럼 계속해서 변화하는 시대에 학생들에게 그들이 아는 지식을 그대로 재생산하라고 요구해서는 안 된다. 그들은 이미 알고 있는 지식을 바탕으로 새로운 해답을 모색할 수 있어야 한다. 이를 위해서는 디지털 자료를 충분히 활용할 줄 알아야 하며, 혼자가 아닌 여럿이 함께 해결해 나가야 한다. 기존의 낡은 교육 방식은 더 이상 우리에게 유용하지 않다. 이것은 우리가 지금까지 갖고 있던 교육적 신념과 원칙, 관행과 절차에 의문을 제기해야 한다는 뜻이다.

요컨대 전통적 교육 방식은 앞으로의 사회적 요구는 말할 것도 없고 오늘날의 사회적 요구에도 대응하지 못하고 있으며, 인간의 감정과 인지 과정에 관한 최신 연구 결과와도 맞지 않는다는 것이다.

로 ▷ 신뢰란 무엇인가?

아 ▷ 신뢰는 안정이나 확실성과 밀접한 관련이 있다. 아이는 자기 자신과 주위 사람들 그리고 그들을 둘러싼 세계에 대한 믿음이 있을 때 자신의 재능을 마음껏 펼칠 수 있다. 우리의 목표는 이카스톨라의 학생 모두가 자기 자신에 대해 확신을 갖고 스스로 소중한 존재라고 느끼게 하는 것이다. 동시에 우리는 그들이 주위 사람들과 그들을 둘러싼 세계를 신뢰할 수 있기를 원한다. 그러한 신뢰가 있어야 각자의 재능을 발견하여 개발할 수 있고, 결국 행복해질 수 있기 때문이다. 그리고 이처럼 각자 자신의 재능을 최대한 발휘할 때 다시 신뢰가 생겨난다. 어떠한 대상을 신뢰하기 위해서는 우리는 그것을 그 자체로 선하고 가치 있는 존재로 바라봐야 한다. 신뢰는 저절로 만들어지지 않으며, 단단한 기반 위에서 구축된다.

로 ▷ 왜 신뢰를 가장 중심에 두어야 하는가?

아 ▷ 한 사람이 아동기와 청소년기에 신뢰의 분위기 속에서 성장하면, 즉 그들이 그들 자신과 주위 사람들을 신뢰할 수 있는 조건이 갖춰지면, 학교에서 그리고 인생에서 마주하게 될 수많은 도전과 어려움을 극복할 수 있는 역량을 개발할 수 있다. 이는 과학적으로도 증명된 바 있다. 그러므로 아이가 자신감을 느끼고 스스로 자신감 있는 존재가 되려면 우선은 자기 자신을, 그리고 부모와 친구들을, 마지막으로는 그들을 둘러싼 세계를 신뢰해야 한다. 우리는 아동과 청

소년의 교육적 성장에 있어 신뢰가 필수 요소라고 생각한다.

로 ▷ **신뢰의 교육학은 무엇에 기초하고 있나?**

아 ▷ 신뢰의 교육학은 한 사람을 바라보는 시각과 방식에 기초하고 있다. 우리의 목표는 개개인이 건강한 인간으로 성장하고 행복할 수 있도록 돕는 것이다. 이를 위해 한 사람을 어떻게 이해하고 어떻게 대해야 하는지 고민하는 것이 신뢰의 교육학의 본질이다. 우리는 모든 사람이 특별하다고 생각한다. 사람들에게는 각자의 재능과 욕구, 어려움, 꿈과 계획이 있으며 이러한 요소들의 조합은 저마다 다르다. 사람들은 모두 어떤 재능을 갖고 태어난다. 이때 주위 상황이 호의적이면 그들은 쉽게 자신의 재능을 발견하고 발전시켜 나가게 된다. 우리는 또한 학생들의 학습을 돕기 위해 그들에 대해 알아야 한다고 생각한다. 신뢰의 교육학은 교사가 학생을 이해하는 데 도움이 된다. 그들이 왜 그러한 방식으로 행동하는지, 그들의 기본 욕구는 무엇인지, 그러한 욕구를 충족시키기 위해서는 어떻게 해야 하는지, 그리고 그들이 균형 잡힌 인간으로 성장하기 위해서는 어떻게 도와야 하는지 설명하기 때문이다.

로 ▷ **신뢰의 교육학은 개인의 재능, 욕구, 어려움, 꿈에 대해 다루고 있다. 그 이유는 무엇인가?**

아 ▷ 인간은 한 개인으로서나 다른 사람과의 관계 속에서나 위에

언급한 요소들로 이루어져 있기 때문이다. 우리는 모두 저마다의 삶을 통해 주위 사람들에게 기여할 수 있는 재능을 갖고 있다. 이것이 우리의 삶을 가치 있게 만든다. 그뿐만 아니라 우리에게는 인정받고자 하는 욕구, 사랑받고자 하는 욕구, 안전에 대한 욕구, 자신의 학습 속도에 맞게 배우고 싶은 욕구 등 다양한 욕구가 있다. 개인이 성장하기 위해서는 이러한 욕구들이 적절히 채워져야 한다. 우리에게는 물론 어려움도 있다. 선천적인 어려움도 있고 상황에 따른 어려움도 있다. 많은 이들이 어려움을 갖고 태어난다. 살면서 만나게 되는 예기치 못한 사건이나 좌절 때문에 어려움이 생기기도 한다. 성장을 위해서는 이러한 어려움을 다루는 법을 배워야 한다. 마지막으로 우리에게는 꿈과 계획이 있다. 이것은 우리의 삶에 의미를 부여한다. 이를 실현하기 위해 우리는 우리의 재능을 개발하고, 우리의 욕구를 만족시키며, 우리의 어려움을 다루는 동시에 우리의 임무와 사회적 기여, 삶의 계획을 정하고 실행해야 한다.

그리고 여기서 한 가지 더 우리가 생각해 봐야 할 것이 있다. 우리가 먼저 우리 자신의 재능과 욕구, 어려움 그리고 꿈을 발견하지 못하면 우리의 학생들이나 자녀들이 그들의 재능과 욕구, 어려움 그리고 꿈을 발견하도록 도와줄 수 없다는 것이다. 신뢰의 교육학을 통해 아동과 청소년 교육에 최선을 다한다는 것은 우리 자신에 대해서 최선을 다한다는 뜻이기도 하다.

로 ▷ 신뢰의 교육학은 어디에 뿌리를 두고 있는가? 그것의 과학적 근거는 무엇인가?

아 ▷ 앞서 말했듯이 신뢰의 교육학은 인간을 바라보는 하나의 방식으로서 인본주의 심리학과 연관이 있다. 인본주의 심리학은 개인의 고유성뿐만 아니라 자기 자신을 알고 개발하는 능력에 기반을 두고 있다. 우리는 인간의 행동 및 발달 과정을 이해하고 그 과정에 관여하기 위해 다양한 과학 지식을 활용한다. 그리고 인간의 사고 및 학습과 관련된 원칙뿐 아니라 그들의 심리적 측면을 설명하는 증거를 주의 깊게 관찰한다.

동물행동학이 그중 하나다. 동물행동학에 따르면 우리는 서로 다른 본능을 갖고 있다. 이러한 본능이 작동될 때 우리는 상대가 보내는 신호를 해석하고 그러한 욕구에 적절하게 대응하는 방법을 알아야 한다. 그래야 우리 모두 정서적으로나 인지적으로 조화롭게 발달할 수 있다.

행동주의 심리학에 따르면 우리의 행동은 강화와 처벌을 통해 학습되고 교정된다. 우리는 신뢰의 교육학 관점에서 행동주의 심리학이 인간에게 어떠한 영향을 미치는지 설명하고자 한다. 행동주의 심리학에 따르면 우리는 대부분 모방을 통해 배우는데, 우리는 이러한 행동주의 심리학이 갖고 있는 함의를 우리의 교육 방식을 통해 분명히 밝히고 싶다.

사회적 구성주의는 학생들의 학습 과정을 이해할 수 있는 단서

를 제공한다. 우리는 이를 통해 학습 과정이 실제적이고 유의미한 상황에서 구성된다는 사실과 그것이 사회적으로 구성된다는 사실, 그리고 무엇보다 혼자가 아닌 함께 있는 상황에서 배운다는 사실을 알 수 있다.

인지심리학은 학생들이 그들의 학습 과정을 설계하고 조직하며 구성하는 데 도움을 준다.

신경 과학은 뇌의 작동 원리를 연구하는 학문으로, 우리가 학습하는 동안 뇌에서 일어나는 신경학적·생리학적·화학적 현상을 설명한다. 이 분야의 연구 결과에 따르면 뇌의 감정과 무의식, 가소성과 같은 요소들은 학생들의 학습 과정과 연관성이 매우 높다.

로 ▷ 신뢰의 교육학은 어떻게 적용되는가?

아 ▷ 우리는 신뢰의 교육학을 바탕으로 다음의 세 가지 영역에 개입한다. 첫째, 아동 및 청소년의 양육과 발달을 위해 갖추어야 할 신뢰의 조건이 무엇인지 살피고 이를 마련한다. 둘째, 아이들 스스로 안전함을 느끼고 신뢰할 만한 교육 환경을 제공하기 위해 노력한다. 셋째, 성공적이고 효과적이며 즐거운 교수 학습 과정을 제공한다.

로 ▷ 그렇다면 아동 및 청소년의 양육과 발달을 위해 어떻게 교육하고 지도하고 있는가?

아 ▷ 우리는 아동 및 청소년의 양육과 발달을 위해 다음과 같은 사

항을 고려한다. 첫째, 아이의 본능에 민감하게 그리고 적절하게 반응한다. 둘째, 아이의 재능을 발견하고 평가하며 개발한다. 셋째, 아이에게 어려움이 생겼을 때 이를 제때에 감지하여 원인을 파악하고, 아이 스스로 이를 감당할 수 있도록 돕는다. 넷째, 이러한 과정에서 아이가 겪게 되는 고통에 공감하고, 아이가 문제를 해결할 수 있도록 돕는다. 다섯째, 양육자들을 보살핀다.

몇 가지 질문을 해 보면 좀 더 명확해질 것이다. 당신의 자녀나 학생을 머릿속에 떠올려 보라. 당신은 아이의 재능과 잠재력을 어떻게 평가할 것인가? 아이는 무엇을 잘하는가? 무엇이 아이를 행복하게 만드는가? 당신이 발견한 아이의 재능과 잠재력에 대해 아이와 이야기를 나누어 본 적이 있는가? 이것은 아이에게 어떠한 도움이 되는가? 본능과 욕구에 대해서도 동일한 질문을 해 볼 수 있다. 때때로 아이들은 우리가 간과하며 지나칠 수 없는 방식으로 행동하는 경우가 있다. 학급 친구들이나 선생님 또는 부모에게 폭력적으로 행동하는 경우도 있고, 학습에 대한 흥미나 동기부여 또는 집중력이 부족한 경우도 있으며, 다른 친구들과 소통하는 데 어려움이 있거나 여러 명의 친구에게 과도하게 의존하는 경우도 있다. 모두 실제로 우리가 현실에서 확인할 수 있는 것들이다. 이러한 문제나 어려움이 아이에게 어떠한 감정을 불러일으키는가? 우리는 어떻게 아이를 도울 수 있는가? 그리고 그 아이를 보살피는 부모나 교사를 돕는 사람은 누구인가?

로 ▷ **교육 환경은 어떠한가?**

아 ▷ 건강한 교육 환경을 확보하기 위해서는 다음의 네 가지 핵심 요소가 필요하다. 첫째, 지역사회와 연결되어 있어야 한다. 가정과 마을을 연결하고 그들 사이에 신뢰를 증진시켜, 전체적으로 신뢰의 분위기 속에서 아이들을 교육해야 한다. 둘째, 공간과 시간의 개념을 재정립해야 한다. 공간적 측면에서 우리의 건축 계획이 우리의 교육 계획에 부합해야 한다. 그리고 시간적 측면에서 우리는 아동 및 청소년의 신체 발달단계와 인지 과정을 충분히 이해하고 이를 존중해야 한다. 셋째, 학생들이 서로 존중하고 배려하는 교실 분위기가 조성되어야 한다. 이를 위해서는 건강한 관계와 비폭력적인 의사소통 방식이 필요하다. 넷째, 학생들의 모둠 활동이 역동적이어야 한다. 성공적인 모둠 활동을 위해 우리는 다음과 같은 사항을 고려해야 한다. 첫 번째는 모둠 구성원들의 본능과 재능과 어려움이다. 두 번째는 남녀 아이들이 서로 관계 맺는 방식이다. 세 번째는 언어 능력과 리더십이다.

로 ▷ **마지막으로 교수 학습 과정은 어떠한가? 이것은 학습 방식과 연관이 있지 않은가?**

아 ▷ 그렇다. 우리의 교육과정은 학습 동기를 활성화하고, 능동적 학습을 이끌어 내며, 형성 평가를 효과적으로 수행하고, 다중 지능을 개발하는 것을 목표로 하고 있다.

우선 학습 동기는 학습 과정을 이끄는 가장 큰 원동력이다. 최근의 과학 연구들에 따르면, 우리는 '실천에 의한 학습learning by doing'을 통해, 그리고 다른 사람에게 설명하는 과정을 통해 더 많이 배우고 습득하는 것으로 알려져 있다. 이것이 사실이라면 우리는 아이들이 행동을 통해, 그리고 함께 토론하고 설명하는 과정을 통해 배울 수 있는 최적의 학습 환경을 조성해야 한다.

그리고 평가는 총괄 평가가 아닌 형성 평가의 방식으로 이루어져야 한다. 평가는 아이들의 학습을 돕는 도구이며, 우리는 이러한 평가 과정이 아이들의 학습 동기와 자존감에 어떠한 영향을 미치는지 이해해야 한다. 특히 아이들은 자기 자신을 성장시키고 향상시키기 위해 자기 평가 방법을 배워야 할 필요가 있다.

마지막으로 다중 지능을 개발한다는 것은 아이의 타고난 재능을 개발하기 위해 노력한다는 뜻이다. 아이의 관심과 취미, 진로는 그러한 재능들을 잘 보여 주기 때문에, 우리가 최우선으로 할 일은 아이의 다양한 지능을 파악하는 것이다. 그러고 나면 우리는 아이가 어떠한 지능을 향상시키거나 개발해야 하는지 알게 된다.

신뢰의 교육학이 추구하는 주된 목적은 아이들이 교육받는 동안 그들을 돕는 것이며, 그들이 자기 자신과 다른 사람에 대한 신뢰를 통해 그들의 재능을 최대한 개발할 수 있도록 하는 것이다.

1장

이카스톨라와
신뢰의 교육학

이 책은 교육공동체 아리스멘디 이카스톨라에서 교육을 담당했던 이들의 다양한 경험을 토대로 하고 있다. 따라서 이 공동 작업의 결과물에는 이들의 기여와 차이, 개성이 반영되어 있다. 공동 작업에 참여해 준 구성원들에게 다시 한 번 감사의 말을 전한다.

우리는 교육공동체 이카스톨라의 교사와 학부모 그리고 공동 참여자들에게 우리의 교육 목적과 내용을 설명하기 위해 이 책을 썼다. 그래서 이 책은 신뢰의 교육학의 개념과 교육목표, 교육 방법 등을 설명하고 있지만, 이론적인 내용을 자세히 담고 있지는 않다. 더 자세한 내용을 알고 싶은 분들은 이 책의 참고 문헌을 살펴보기를 바란다.

그리고 이 책은 이카스톨라의 교육 영역과 세부 내용을 다양한 표와 함께 설명하고 있다. 이것은 우리의 교육에 대한 지식과 접근 방법에 기초하고 있으며, 우리는 우리의 교육 현황과 상황을 파악하기 위해, 그리고 일반적인 평가 도구로서 이것을 활용해 왔다. 따라서 우리가 새로운 연구들을 통해 더 많은 것을 알게 되고 좀 더 흥미

로운 성과를 이루어 낸다면 이러한 내용은 언제든 바뀔 수 있다. 이처럼 언제나 변화의 가능성을 열어 두는 것이 중요하다고 생각한다.

다음에 언급하는 교육적 선구자들과 공동 참여자들이 있었기에 우리는 성공적인 교육적 변화를 이루어 낼 수 있었다. 차로 이라에타Txaro Iraeta, 아란차 에체베리아Arantza Etxeberria, 라파엘 크리스토발Rafael Cristóbal, 헤수스 마리 간보아Jesus Mari Ganboa, 아란차 레하라가Arantza Lejarraga, 그리고 아리스멘디 이카스톨라의 이사회와 사무국, 시설 관리 직원, 영유아 교육, 알토 데바 지역의 협동조합 프로젝트까지, 이들의 비전과 헌신 그리고 참여가 있었기에 여기까지 올 수 있었다. 모두에게 진심으로 감사의 마음을 표한다. 이제 우리가 해야 할 일은 그들이 낸 길을 힘차게, 그리고 책임감 있게 걸어가는 것이다.

이 책은 '신뢰의 교육학'과 '아리스멘디 이카스톨라' 그리고 이카스톨라의 '일반적인 교육체계'를 다루고 있다. 본격적으로 들어가기에 앞서 이 세 가지 구성 요소에 대해 간략히 설명하겠다.

신뢰의 교육학

지금으로부터 7년 전, 아리스멘디 이카스톨라는 영유아 교육을 중심으로 광범위한 교육적 변화를 시도했다. 그 결과, 영유아 교육 현장에서 교사 및 학부모와 학생의 역할, 근무 방식, 공간과 시간 등

에 관한 몇몇 교육적 관행이 바뀌었다. 영유아 교육에서 이루어진 교육적 변화가 초등학교와 중학교에서도 계속 일관된 흐름으로 이어져야 비로소 전체적으로 가치 있는 교육적 변화가 이루어지므로, 우리는 이러한 변화를 위해 계속해서 노력하고 있다.

그러나 이러한 방향으로 나아가기 위해 우리는 몇 가지 질문에 답해야 했다. 영유아 교육 프로젝트의 내용 중 어떤 것들이 초등 교육과 중등 교육에 적용 가능할까? 초등 교육의 특징은 무엇인가? 중등 교육의 특징은 무엇인가? 새로운 프로젝트를 무엇이라고 불러야 할까? 우리는 이것을 어떻게 정의할 수 있을까?

신뢰의 교육학은 이러한 질문에 답하는 과정에서, 그리고 아동과 청소년을 위한 단계별 교육 프로젝트를 진행[4]하는 과정에서 만들어졌다. 우리는 다름 아닌 '신뢰'에 초점을 맞추기로 했다. 왜 하필 '신뢰'였을까?

오늘날 교육에 종사하는 이들 대부분은, 단순히 지식을 전달하는 것만으로는 배움을 만들어 내지 못하며, 삶을 준비해 나가는 데에도 아무런 도움이 되지 않는다는 견해를 공유하고 있다. 지식은 개인의 역량 개발을 돕는 중요한 요소이지만, 이러한 역량은 구체적인 상황을 통해 개발되고 입증되기 때문이다. 그리고 무엇보다 아이

---

4 • 영유아 교육 현장에서는 ERDU 프로젝트를, 초등 교육 현장에서는 GURA 프로젝트를, 중등 교육 현장에서는 IZEN 프로젝트를 진행했다.

들이 이러한 역량을 갖추기 위해서는 스스로 자신감을 갖고, 그들의 부모 및 교사, 동료, 환경에 대해 신뢰해야 한다.

이를 위해 교사와 가정 그리고 교육 전문가들은 무엇보다 신뢰에 기초한 교육적 관점을 갖춰야 한다. 우리에게 '신뢰'는 성공적인 교육을 위한 필수 조건이기 때문이다.

아이의 학습 과정을 지도하고 인지 발달을 돕기 위해서는 인간에 대한 이해가 필요하다. 이를 위해 우리는 인간에 관한 깊이 있는 과학 연구들을 검토하고 적용했다. 그래서 신뢰의 교육학은 사람들이 어떻게 일하는지, 왜 특정한 방식으로 행동하는지, 사람들의 기본 욕구는 무엇인지, 사람들에게 어떻게 적절하게 반응해야 하는지, 그리고 이들을 어떻게 균형 잡힌 사람으로 성장시킬 수 있는지 알게 해 준다.

아리스멘디 이카스톨라

아리스멘디 이카스톨라의 목표는 다른 교육기관과 마찬가지로 교육 현장의 즉각적인 요구에 대응하는 것이다. 우리 프로젝트의 핵심은 '사람'이다. 우리는 사람들이 저마다 삶의 자율적인 주체로서 성장해 나갈 수 있는 교육 체제를 원한다. 이카스톨라는 학교와 마을을 잇는 교육 주체이자 사회 변화를 추구하는 교육공동체, 그리고 바스크어 교육기관으로서 존재한다. 이카스톨라의 특별함은 교육

혁신을 향한 열정에 있으며, 바로 이것이 우리가 그동안 추구해 온 길이다.

아리스멘디 이카스톨라는 레인츠^{Leintz} 지역[5]에서 좀 더 인간적이고, 창의적이고, 유능하고, 헌신적이고, 자율적인 바스크인을 교육시키기 위해 노력하고 있다. 또 바스크 지역의 몬드라곤 협동조합을 비롯하여 전체 이카스톨라 협동조합과도 함께 일하고 있다.

아리스멘디 이카스톨라는 아렉사발레타^{Aretxabaleta}, 아라사테^{Arrasate}, 에스코리아차^{Eskoriatza}에 있는 열두 개의 학교로 이루어져 있다. 유치원에서부터 직업 훈련 학교까지 학생 수는 총 3천 2백여 명에 이르며, 3백여 명의 전문가가 2천여 가구와 함께 일하고 있다.

지금 이 순간 우리는 깊이 있는 교육적 변화 과정에 몰두하고 있다. 그래서 이카스톨라가 무엇인지, 우리가 이카스톨라에게 원하는 것은 무엇인지, 우리가 원하는 이카스톨라는 무엇인지에 대해 새롭게 정의하고 동의를 구하기 위해 교육공동체의 모든 참여자들과 함께 이파라^{Iparra} 2020 프로젝트를 시작했다.

일반적인 교육체계

이제 우리는 신뢰의 교육학에 기초하여 만들어진 아리스멘디 이

---

5 • 스페인 북부 바스크 지방에 있는 소도시 - 옮긴이 주

카스톨라의 일반적인 교육체계를 설명할 것이다. 우리는 이러한 체계가 영유아 교육에서 초등 및 중등 교육으로 자연스럽게 이어질 수 있도록 일관성 있고 연속성 있는 교육 지침을 확립하려 노력했다. 그러나 교육체계란 고정되어 있지 않으며 시대 변화에 따라 조정되는 것이어서, 앞으로 얼마든지 새로운 내용이 추가되거나 기존 내용이 수정될 수 있다. 그럼에도 우리는 현재 우리가 가고자 하는 방향에 대해 확신이 있으며, 이것이 우리가 우리의 길을 갈 수 있도록 도와줄 것이라고 믿는다.

이러한 일반적인 교육체계 안에서 우리는 이카스톨라의 모든 단계에 공통적으로 적용되는 교육적 개입의 경계를 정의하고 설명하고자 한다. 따라서 바스크 지역 문제나 정체성을 반영한 교육과정이나 학교 안에서 이루어지는 디지털 교육 및 교재 등에 관해서는 언급하지 않았다. 이러한 내용은 개별 학교 프로젝트에 포함되어 있다. 다시 말해 여기서는 이카스톨라에서 전체적인 교육 활동을 수행할 때 어떠한 방식의 교육적 개입을 선택할 것인지에 대해 설명하려 한다.

아리스멘디 이카스톨라에서는 영유아 교육에서부터 이러한 교육적 개입을 진행해 왔다. 자기 자신과 타인에 대한 인식, 관념, 신뢰 등 인간 발달 및 행복의 기초는 이 시기에 형성된다. 0세부터 6세까지 이루어지는 영유아 교육은 신뢰의 교육학 관점에서 보면 매우 중요한 단계다. 이것은 이 시기의 아이들이 겪는 결함이나 결핍을 되

돌릴 수 없다는 뜻이 아니다. 그러한 경우 그들은 개인적이고 특별한 돌봄을 받게 된다.

사회학자 호세바 아스카라가Joseba Azkarraga는 그의 저서《교육, 사회 그리고 협동의 형성》[6]에서 영유아 시기의 중요성을 강조했으며, 기본적인 현실 이해 방식과 자기 정체성이 바로 이 첫 번째 사회화 시기에 형성된다고 단언했다.

"우리는 가정에서 이루어지는 첫 번째 사회화가 가장 중요하다는 것을 안다. 아이는 이 시기에 언어를 습득할 뿐만 아니라 기본적인 현실 이해 방식과 정체성 그리고 개성을 획득한다. 어떻게 보면 이 기간에 기초가 세워지는 것이다. 인간의 인지적·감정적·행동적 발달은 그다음에 이루어진다. 왜냐하면 이러한 사회화는 커다란 감정적 부하(그러나 절대 반복되지 않을 감정적 부하)와 함께 일어나며, 이 시기의 아이들은 어른들의 세계에 절대적인 영향을 받기 때문이다(아이에게는 선택하거나 거절할 능력이 없다). 이러한 이유로 이 시기에 동화된 세계는 이후 또 다른 사회화를 통해 만들어진 세계보다 더 견고하게 인간 내면에 자리 잡게 된다."

---

6 • AZKARRAGA ETXAGIBEL, Joseba: *Hezkuntza, gizartea eta eraldaketa kooperatiboa: Zenbait gogoeta, Gizabidea Fundazioaren gogoeta estrategikorako.* Lanki–Mondragon Unibertsitatea, 2010.

이처럼 영유아 시기는 매우 중요하기 때문에 좋은 환경이 갖춰지면 그들은 계속해서 성장하고 발전해 나갈 것이다. 그러므로 영유아 교육부터 초등 교육, 중등 교육에 이르기까지 이카스톨라의 모든 교육 단계에 공통적으로 적용되는 일반적인 교육체계를 세우는 일은 매우 중요하다. 다음 장에서는 새롭게 변화하는 시대에 우리에게 요구되는 교육을 신뢰의 교육학 관점에서 어떻게 바라보고 적용할 수 있는지 설명하고자 한다.

2 장

교육의 변화와
혁신은
왜 필요한가

교육 분야 전문가 그리고 교육 변화를 주도하고 있는 혁신 학교들에 따르면, 우리가 어릴 때 경험했고 오늘날에도 여전히 영향을 미치고 있는 전통적 교육 방식은 시대에 뒤처져 있다고 한다. 그 이유는 무엇일까? 첫 번째는 전통적 교수법이 개인의 성장이라는 자연법칙을 제대로 존중하지 않기 때문이고, 두 번째는 전통적 교육학이 학생들을 다가올 미래 사회에 맞게 준비시키지 못하고 있기 때문이다.

　　최근 몇 년 동안 심리학과 신경 과학 분야의 연구자들이 인간의 감정과 인지에 관한 새로운 연구와 지식을 쏟아 내고 있다. 이들은 전통적 교육체계 안에서 만들어진 대부분의 교수법에 문제를 제기한다. 인간의 작동 방식을 설명하는 이러한 연구들 덕분에, 우리는 이제 학생들의 학습 과정과 인지 과정에 대해, 학습 분위기를 조성하거나 방해하는 요인들에 대해, 그리고 학습 과정에서 감정의 기능과 중요성 등에 대해 이전보다 훨씬 더 많이 알고 있다. 우리는 이러한 지식을 무시해서는 안 된다.

우리가 살고 있는 지구의 한쪽 구석에서도 변화는 계속해서 일어나고 있다. 그리고 이러한 변화 속도는 너무 빨라서 우리의 삶을 불안정하게 만들고 있다. 변하지 않는 것이 거의 없다. 따라서 단순히 지식을 전달하는 것은 이제 더 이상 의미가 없다.

앙헬 페레스 고메스Angel Pérez Gómez (1992)[7]는 과거에는 학교의 목적이 지식과 경험을 전수하는 데 있었다고 지적한다. 유용한 정보가 극히 적었던 그 시절에 학교가 맡았던 역할을 설명하기 위해, 그는 사막과 오아시스의 비유를 든다. 수십 년 전에 사람들은 아무 정보도 없는 사막에 살았고, 당시 학교는 오아시스와 같았기 때문에 사람들이 사막을 건너기 위해 학교에서 최대한 많은 물을 마시려고 노력했다는 것이다. 그러나 프레이리Freire와 메리외Meirieu는 이러한 교육체계 및 방식에 대해 강하게 비판한다.

오늘날은 변화와 불확실성이 만연한 시대다. 이러한 상황에서 학생들에게 그들이 알고 있는 지식을 그대로 재생산하라고 요구해서는 안 된다. 그들은 이미 알고 있는 지식을 바탕으로 새로운 답을 모색할 수 있어야 한다. 이를 위해서는 디지털 자료를 충분히 활용할 줄 알아야 하며, 혼자가 아닌 여럿이 함께 문제를 해결해 나가야 한다. 기존의 낡은 교육 방식은 과거에는 유용했지만, 오늘날 우리

---

7 • PEREZ GOMEZ, Angel I.; GIMENO SACRISTAN, Jose: *Comprender y transformar la enseñanza*. Morata, 1992.

에게는 더 이상 유용하지 않다.

전통적인 교육 방식은 지식을 음악, 철학, 수학, 언어, 물리학, 화학 등의 개별 과목으로 분류하여 가르쳤다. 그러나 이처럼 파편화된 관점과 지식은 현실의 총체성을 이해하는 데 도움이 되지 않는다. 심지어 과목 간에 위계도 있다. 이러한 위계는 분명하지 않을 수 있지만, 많은 사람들에 의해 그렇게 이해되고 있으며 받아들여지고 있다. 실제로 어떤 과목은 다른 과목에 비해 더 중요하게 여겨진다. 그러나 이러한 위계는 오늘날 우리 사회의 요구와 맞지 않는다.

교육의 변화와 혁신이 필요하다. 교육 전문가인 커티스 존슨Curtis Johnson[8]은 이를 아날로그 카메라에서 디지털 카메라로의 전환으로 비유한다. 이것은 우리가 지금까지 갖고 있던 교육적 신념과 원칙, 관행과 절차에 의문을 제기해야 한다는 뜻이다. 존슨은 이러한 교육적 변화가 체계적일 뿐만 아니라 '파괴적'이어야 한다고 주장한다. 다시 말해 교육과정, 학생과 교사 및 학부모의 역할, 시간과 공간의 구성, 교수법, 교재, 교과 구성, 평가 등 교육의 모든 영역이 변화해야 한다는 것이다.

사회학자 호세바 아스카라가Joseba Azkarraga는 사회 변화는 반드시 교육에 반영되어야 하며, 특히 오늘날처럼 모든 것이 불확실하고 유동적인 사회에서는 교육이 새로운 기능을 담당해야 한다고 강조한

---

8 • JOHNSON, Curtis: *"La manera disruptiva de aprender"*, in Redes 102 - RTVE, 2011.

다. 이러한 상황에서 우리의 주요 과제는 자기 정체성을 가진 유연한 시민을 양성하여, 건강한 공동체를 구축하고 사회를 변화시켜 좀 더 인간적인 사회를 만드는 데 있다고 주장한다. 그리고 이러한 목표를 달성하기 위해서는 창의력과 상상력, 호기심과 탐구력에 초점을 맞춘 교육이 필요하다고 말한다.

교육 관련 종사자들 또한 교육 방식에 변화가 필요하다는 것을 인식하기 시작했다. 이것은 아주 현실적인 문제인 동시에 근본적인 문제였다. 이러한 도전에 어떻게 응할 것인가? 사람들은 근본적인 해결 방식에 대해 고민하기 시작했다. 카탈루냐 지역의 8개 학교에서 '호리초HORITZÓ 2020'이라 불리는 매우 흥미롭고 혁신적인 프로젝트가 시작되었다. 그들은 교육을 변화시키는 과정에서 고려해야 할 사항에 대해 다음과 같이 정의했다.[9]

- 교육의 변화를 위해 필요한 조건 창출하기
- 모든 이해 관계자들과 함께 변화에 대해 정의하고 동의하기
- 종합적이고 체계적인 관점에서 프로젝트 실행하기

당신은 부모로서, 교사로서 또는 공동 참여자로서 우리의 교육 공동체를 어떻게 생각하는가? 무엇을 바꿀 것인가? 변화를 가져올

---

9 • http://h2020.fje.edu/es/

만한 것들이 보이는가? 우리가 이러한 질문을 계속하는 한, 그리고 여기에 함께 답하려고 노력하는 한, 우리는 우리의 교육 환경을 바꾸기 위한 조건을 만들어 낼 수 있을 것이다.

결론적으로 우리는 교육 전반에 걸쳐 변화가 필요하다고 믿으며, 이러한 믿음을 뒷받침할 만한 근거들을 충분히 가지고 있다. 전통적인 교육 방식은 앞으로의 사회적 요구는 말할 것도 없고 오늘날의 사회적 요구에도 대응하지 못하고 있다. 게다가 인간의 감정과 인지 과정에 관한 최신 연구 결과는 교육에 대한 새로운 접근 방식이 있다는 것을 보여 준다.

3 장

신뢰의 교육학이란
무엇인가

신뢰의 교육학은 한 사람을 바라보는 특별한 시각에 기반을 두고 있다. 우리의 목표는 개개인이 한 인간으로서 성장하고 행복할 수 있도록 돕는 것이며, 한 사람을 어떻게 이해하고 어떠한 태도와 행동으로 대해야 하는지가 우리 교육의 핵심이다. 우리는 모든 사람이 특별하다고 생각한다. 사람들에게는 각자의 재능과 욕구, 어려움, 꿈과 계획이 있으며 이러한 요소들의 조합은 저마다 독특하다. 신뢰의 교육학은 바로 이 부분에 중점을 두고 있다. 우리는 아이들을 하나의 인격적 존재로 바라봐야 한다. 그들은 학생이기 이전에 존중받아야 할 한 인간이자, 그 자체로 가치 있는 존재이기 때문이다.

사람들은 모두 어떤 재능을 갖고 태어난다. 그리고 저마다의 삶을 통해 주위 사람들에게 기여한다. 이러한 경험이 바로 우리의 삶을 가치 있게 만든다. 그리고 전 생애에 걸쳐 우리는 이러한 재능을 발견하고 발전시켜 나가게 된다.

그뿐만 아니라 사람들에게는 배우고자 하는 욕구, 사랑받고자 하는 욕구, 안전에 대한 욕구, 존중받고 싶은 욕구 등 인간으로서의

기본적인 욕구가 있다. 개인이 성장하기 위해서는 이러한 욕구들이 적절히 채워져야 한다.

물론 사람들에게는 어려움도 있다. 그것은 선천적인 것일 수도 있고 상황에 따른 것일 수도 있다. 많은 사람들이 어려움을 갖고 태어난다. 또는 살면서 만나게 되는 예기치 못한 사건이나 좌절 때문에 어려움이 생기기도 한다. 이러한 어려움을 다루는 법을 배우는 것 또한 우리의 성장에 필수적이다.

사람들은 재능과 욕구, 어려움 그리고 꿈을 가진 채 매일 아침 일어나 하루를 보내고 잠자리에 든다. 이러한 재능과 욕구, 어려움, 꿈은 시간이 지나면서 바뀌기도 하고 향상되기도 한다. 그리고 이러한 내재적 요소들의 질적 향상과 발전을 위해서는 무엇보다 자기 자신과 다른 사람에 대한 믿음이 필요하다.

신뢰의 교육학은 '신뢰'와 '교육학'이라는 두 가지 개념으로 이루어져 있다. 구체적인 내용은 다음과 같다.

첫째는 '신뢰'다. 신뢰는 안전 또는 확실성과 밀접한 연관이 있다. 아이들은 자기 자신과 자신을 둘러싼 세계에 대한 확신이 있을 때 자신의 역량을 제대로 발휘할 수 있고, 발전시킬 수 있다. 우리는 모든 학생이 자신감을 갖기를 원하며, 스스로 가치 있는 존재라고 느끼는 동시에 주위 환경에 대해 신뢰하기를 원한다. 그러한 신뢰가 있어야 각자의 재능을 발견하여 개발할 수 있고, 결국 행복해질 수 있기 때문이다. 그리고 이처럼 각자 자신의 재능을 최대한 발휘할

때 다시 신뢰가 생겨난다. 어떠한 대상을 신뢰하기 위해서는 그것의 긍정적이고 가치 있는 면을 발견할 수 있어야 한다. 신뢰는 저절로 만들어지지 않으며, 단단한 기반 위에서 구축된다.

두 번째는 '교육학'이다. 교육은 아이들이 어른들에 의해 창조된 문화를 이해하고 이를 변형하거나 재생산할 수 있도록 다양한 지식과 기술, 도구를 제공하는 것이 목적이다. 교육학은 아이들이 이러한 목표를 달성하기 위해 부모와 교사가 아이들을 어떻게 도와야 하는지 설명해 준다.

이러한 개념에 기초하여 아리스멘디 이카스톨라에서는 세 가지 교육 영역을 다음과 같이 정했다.

- 양육과 발달 영역 : 아동 및 청소년의 양육과 발달을 위해 갖추어야 할 신뢰의 조건들이 무엇인지 살피고 이를 마련한다.
- 교육 환경 영역 : 아이들 스스로 안전함을 느끼고 신뢰할 만한 교육 환경을 제공하기 위해 노력한다.
- 교수 학습 영역 : 성공적이고 효과적이며 즐거운 교수 학습 과정을 제공한다.

이에 대해서는 4장에서 좀 더 자세히 소개하겠다.

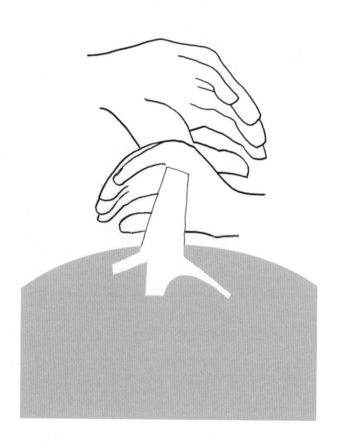

4 장

이카스톨라의
교육체계와 내용

아리스멘디 이카스톨라에서 이루어지는 모든 교육 활동의 목표
는, 삶의 다양한 상황에 대처할 수 있는 협동적인 사람을 양성하는
것이다. 우리는 모든 학생이 개성 있고 능력 있고 협동할 줄 아는 사
람이 되어 학교를 졸업하기를 원한다. 등대가 배를 안내하듯이, 이
러한 교육목표는 교육공동체의 모든 구성원이 올바른 방향으로 나
아갈 수 있도록 안내해 준다.

여러분은 유치원 교사일 수도 있고, 초등학교의 특수학급 교사
일 수도 있고, 교장이나 수석 교사 또는 행정 직원일 수도 있다. 일반
학교의 교사 또는 다양한 교육 공간의 교육자일 수도 있고, 학교의
시설 관리인이나 교사 연수생, 학부모 또는 일반 시민일 수도 있다.
그러나 우리의 역할이 무엇이든 결국 목표는 하나다. 이것을 인지하
는 것이 매우 중요하다.

4장에서는 먼저 신뢰의 교육학의 이론적 배경에 대해 간략하게
설명하고자 한다. 그리고 이어서 아리스멘디 이카스톨라의 일반적
인 교육체계에 대해 소개할 것이다. 대부분 모든 단계에 해당하는

일반적인 내용이지만, 어느 한 단계에만 해당하는 내용도 있다.

그리고 향후 몇 년 동안 우리는 영유아 교육과 초등 및 중등 교육을 위한 단계별 체계를 계속해서 만들어 나갈 예정이다.

이론적 배경

앞서 언급한 것처럼, 신뢰는 사람을 바라보고 이해하는 특정한 방식이다. 이것은 인본주의 심리학 관점과 일치하는 것이기도 하다. 우리는 다음과 같은 전제로 시작한다. 학습 과정이 즐겁고 유의미하며 성공적이려면, 학생은 자신감을 갖고 있어야 하며 교사와 학급 동료를 비롯하여 주위 환경에 대한 신뢰를 갖고 있어야 한다. 이러한 주장을 뒷받침하는 이론적 근거는 무엇일까?

이 책에서 신뢰의 교육학의 이론적 배경에 대해 너무 깊이 다루지는 않을 것이다. 우리가 제안하는 아이디어들은 동물행동학, 심리학, 교육학 그리고 신경 과학 분야의 이론과 연구를 바탕으로 한다. 우리는 4장에서 이러한 이론과 연구들이 신뢰의 교육학에 어떠한 영향을 미쳤는지, 그리고 우리의 실제적인 활동이 무엇에 기반을 두고 있는지 간단하게 설명할 것이다.

동물행동학과 심리학을 바탕으로 라파엘 크리스토발이 제기한 주장에서 우리는 아동의 행동과 감정에 대한 열쇠를 찾아냈다. 크리

스토발은 20세기 심리학이 교육에 기여한 점을 간략하게 정리한 바 있다. 그는 자신의 저서《인간의 기반: 교육자의 심리학*Fundamentos del ser humano: Una psicología para educadores*》,《지식을 바라보는 아동: 신뢰의 교육학*El niño en la mirada del conocimiento: una pedagogía de la confianza*》,《신뢰의 교육학의 심리학적 기반*Fundamentos psicológicos para una Pedagogía de la Confianza-Konfidantza Pedagogiarentzako oinarri psikologikoak*》에서 이와 같은 내용을 심도 있게 분석했다.

우리는 앞서 언급한 학문 분야의 이론 및 연구 결과 그리고 관련 지식에 대해 이야기하면서, 우리의 교육 지침과 조건의 근거에 대해 설명할 것이다. 더 깊이 있고 자세한 설명을 원하는 분들은 이 책의 참고 문헌을 살펴보기를 권한다.

동물행동학

동물행동학에서 우리는 개인의 행동과 욕구에 대한 적절한 대응 방법을 찾아냈다. 우리는 동물행동학이 모든 교육자가 알아야 할 원칙을 제공해 주는 학문이라고 생각한다.

동물행동학은 동물과 인간의 행동을 연구하는 학문이다. 동물행동학에서 실행되는 연구들로부터 우리가 알 수 있는 사실은, 친교 본능·도피 본능·탐구 본능·공격 본능·성적 본능 등 인간의 다양한 본능이 동물처럼 활성화되며 생존을 위한 기능을 담당한다는 것

이다.

예를 들어 어떠한 상대의 본능이 활성화될 경우, 상대가 보내는 신호를 해석하고 상대의 요구에 제대로 반응하는 법을 아는 것이 중요한데, 이를 통해 상대의 감정적·인지적 발달이 조화롭고 적절하게 이루어질 수 있기 때문이다.

마찬가지로 교사들도 이러한 방식으로 아동 및 청소년에게 특정 상황을 조성해 주거나 이들의 요구에 반응함으로써 관련 상황에 개입할 수도 있다.

행동주의 심리학

우리는 행동주의 심리학이 학습에 대해 명확한 설명을 제시한다고 생각한다. 행동주의 심리학은 인간의 어떤 행동들이 학습 과정의 결과라는 것을 보여 준다. 파블로프의 고전적 조건형성, 스키너의 조작적 조건형성, 반두라의 관찰 학습이 여기에 해당한다.

파블로프는 자연 자극natural stimulus과 중성 자극neutral stimulus을 연관 짓는 동물과 인간의 능력에 대해, 그리고 이러한 능력이 우리의 경험과 행동에 어떠한 영향을 미치는지에 대해 설명했다. 예를 들어 학생들은 자신들의 수학 교사가 수학을 가르치는 것에 대해 즐거움을 느끼고 있다고 생각하면, 수학을 즐거움과 연관시키게 된다. 한편 어떠한 아이가 특정 음식에 대해 거부감을 갖게 되면, 먹는 행위

를 두려움과 연관시키게 되고, 이로 인해 까다로운 식습관을 갖게 되기도 한다. 똑같은 방식으로 우리는 냄새, 소리, 장소, 사람들 등으로부터 다양한 연관성을 찾아낸다. 따라서 교사는 이러한 연관성을 정확히 이해하고, 아이들이 학습 과정을 즐거운 경험으로 연관시킬 수 있도록 도와야 한다.

스키너는 강화와 처벌을 통해 특정 행동을 고정시키거나 제거할 수 있다는 것을 증명했다. 강화는 긍정적이거나 부정적일 수 있다. 긍정적인 강화는 우리가 행동을 고정시키기 위해 제공하는 보상으로, 음식이나 돈이나 인정 같은 것들이 여기에 해당한다. 부정적인 강화는 불안과 고통을 가져다주는 결과를 회피하는 것을 말한다. 긍정적 강화와 부정적 강화는 인간의 행동에 동기부여를 일으키거나 이를 강화하도록 도와준다. 반면, 처벌은 인간의 행동 및 그에 대한 동기부여를 약화시키거나 제거한다. 대학 입학시험은 부정적 강화의 좋은 예다. 시험으로 학생과 교사는 압박을 받게 되고, 이미 계획된 또는 실행된 강화 활동은 이러한 상황에 최적으로 반응하는 것을 목표로 하게 된다. 이처럼 강화와 처벌의 측면에서 보면, 학생의 호기심이 반영된 학습 과정은 그 자체로 즐거움이 되며 성적은 일종의 보상이 될 수 있다. 스키너는 강화에 대해 다음과 같이 주장한다. 첫째, 긍정적 강화와 부정적 강화는 어떠한 행동을 수행하기 위한 동기부여를 증대시킨다. 둘째, 강화는 어떠한 행동을 강화시키는데, 이러한 행동을 계속해서 수행하면 습관이 되거나 자동화된다.

마지막으로 반두라는 사람들이 타인의 행동을 관찰함으로써 특정 행동에 동화된다고 주장한다. 어떤 사람이 특정 행동으로 인해 처벌을 받거나 강화되는 것을 보기만 해도 동일한 방식으로 행동하는 것을 배우게 된다는 것이다. 결국 인간은 자신의 경험을 바탕으로 행동을 강화하거나 제거하는 한편, 다른 사람을 관찰함으로써도 이와 관련된 경험에 대해 학습한다는 것을 알 수 있다.

사회적 구성주의

피아제Piaget, 오스벨Ausubel, 노백Novak, 비고츠키Vygotsky, 브루너Bruner 등으로 대표되는 구성주의 교수법은 학습의 유형과 과정을 이해할 수 있는 몇 가지 중요한 사항을 알려 준다. 지식은 실제적이고 기능적이고 유의미한 맥락 속에서 구성된다. 그리고 이것은 매일 다양한 상황에서 벌어지는 새로운 경험을 기존의 경험과 비교하고 통합하는 과정을 통해 이루어진다. 구성주의 교수법에 따르면, 새로운 상황에 적용할 수 없는 지식은 제대로 된 지식이라 할 수 없다.

구성주의 교수법은 개인의 경험과 인지 구조에 기초하고 있다. 피아제는 주체가 객체와 연결될 때에 지식이 구성된다고 생각했고, 비고츠키는 타인과의 상호작용을 통해 지식이 구성된다고 기술했으며, 오스벨은 지식의 구성이 개인에게 유의미해야 한다고 주장했다.

피아제는 학습이 이루어지려면 동화assimilation나 적응adaptation을 통

해 학습자의 인지 구조가 바뀌어야 한다고 주장했다. 인간은 새로운 지식을 받아들일 때 이를 자신이 갖고 있는 기존 지식과 비교하게 된다. 그리고 이러한 과정을 통해 인간의 인지 구조는 유지되기도 하고 확대되기도 하며, 새롭게 형성되기도 한다.

노백은 오스벨의 유의미 학습 이론을 바탕으로 개념도concept maps 라는 학습 도구를 개발했다. 개념도는 학습 개념을 그래프나 시각적인 형태로 나타냄으로써 이들 간의 위계와 관계를 명확히 이해시켜 유의미한 학습이 이루어지도록 돕는 역할을 한다.

비고츠키는 사회적 구성주의 관점에서 인간은 타인과의 상호작용을 통해 학습하고, 이러한 학습 과정은 사회 문화적 환경의 영향을 받는다고 주장했다. 즉, 학습과 발달은 사회적이고 협력적인 행위라는 것이다. 예를 들어 어떤 문화권에서는 아이들에게 사냥을 하거나 낚시하는 법을 가르칠 때, 그들보다 실력이 뛰어난 어른들을 활동에 참여시켜 적극적인 상호작용이 이루어지게 한다. 이처럼 협력적 학습을 가능하게 하는 활동들은 사회적 구성주의 관점에서 매우 중요한 위치를 차지한다.

이와 같은 관점에서 보면 교육은 사회적 행동이자 사회화 행위라고 할 수 있다. 교육의 기능은 개인의 능력을 개발하고 그들을 한 사회의 구성원으로 통합시키는 데 있다. 그리고 이러한 과정은 다름 아닌 언어를 통해 이루어진다. 언어를 통해 우리는 질문하고, 자신의 생각을 이야기하며, 사고를 발전시키기 위해 범주와 개념을 정립

하고, 이들 간의 상관관계를 밝히기도 한다.

한편 비고츠키는 근접발달영역 zone of proximal development 이라는 개념을 만들어 냈다. 간단히 설명하자면, 인지 구조의 발달은 실제적 발달과 잠재적 발달로 나뉜다. 실제적 발달은 아이가 어떠한 도움 없이도 스스로 과제를 해결하거나 수행할 수 있는 능력을 말하며, 잠재적 발달은 아이가 아직 스스로 할 수 없지만 교육자의 도움을 받으면 과제를 해결할 수 있거나 수행할 수 있는 능력을 말한다. 근접발달영역이란 바로 이 실제적 발달과 잠재적 발달 사이의 간격을 말한다. 학습 과정에서 학습자에게 너무 쉬운 과제를 부여하는 것은 학습이 아닌 연습이 되기 때문에 사실 무의미하다. 마찬가지로 학습자에게 너무 어려운 과제를 부여하는 것도 그들의 발달 영역을 넘어선 일이기 때문에 무의미하다.

인지심리학

인지심리학은 인간이 지식을 획득하고 구조화하는 과정을 연구하는 기초 심리학의 한 분야이며, 주로 신경 과학·언어학·인류학·철학 등 다른 학문 분야와 결합하여 연구가 이루어진다.

인간은 자신의 사고와 인식 과정을 되돌아볼 때 메타 인지를 활용한다. 메타 인지를 활용하여 과제를 수행할 때 보통 다음과 같은 질문을 던지게 된다.

| 1단계 | **나는 무엇을 학습했는가?**
나의 사고 유형에 대한 인식

↓

| 2단계 | **나는 어떻게 학습했는가?**
나의 학습 전략에 대한 설명

↓

| 3단계 | **내가 쉽다고/어렵다고/새롭다고 생각한 것은 무엇인가?**
나의 학습 전략 효과에 대해 평가

↓

| 4단계 | **무엇이 내게 유용했고, 나는 그것을 어떻게 개선할 수 있는가?**
앞으로의 과제 및 활동에 대한 기대

인지심리학 분야의 저명한 학자로는 에드워드 드 보노Edward de Bono, 아서 코스타Arthur Costa, 호세 안토니오 마리나Jose Antonio Marina, 로버트 스턴버그Robert Sternberg, 데이비드 퍼킨스David Perkins, 로버트 슈워츠Robert Swartz 등이 있다.

로버트 스턴버그의 '학교를 위한 실용 지능Practical Intelligence for Schools', 에드워드 드 보노의 'CoRTCognition Research Trust 프로그램', 하워드 가드너H. Garder와 퍼킨스의 '하버드 프로젝트 제로Harvard Project Zero', 아서 코스타의 '사고 기반 학습Thinking based Learning', 호세 안토니오 마리나의 '지능 운영 이론Executive Theory of Intelligence' 등을 통해 우리는 인간의 인지 과정에 관한 흥미로운 연구 결과를 확인할 수 있다.

아이들이 스스로 학습을 계획하고 조직하며 구성하도록 돕는 것은 교사의 가장 중요한 역할 중 하나다. 이를 위해 우리는 인간의 인지 과정이 어떻게 작동하는지 알 필요가 있다.

신경 과학

신경 과학은 인간의 뇌에 대해 연구하는 학문으로 최근 크게 주목받고 있다. 특히 인지 신경 과학은 학습 과정과 연관된 신경학적·생리학적·화학적 작용을 연구한다. 새로운 과학 기술의 도입과 발달로 인해 현재 신경 과학은 뇌의 활동에 관한 상당한 정보를 제공하고 있다.

앙헬 페레스 고메스[10]는 신경 과학 분야의 '뇌 가소성', '무의식', '감정'에 관한 연구 결과를 교육에 적용해야 한다고 주장한다.

▪ 뇌 가소성

인간의 뇌는 태어나서 죽을 때까지 계속해서 학습하도록 되어 있다. 최근까지 우리는 뇌의 인지 구조가 우리의 활동을 좌우하거나 제한한다고 믿었다. 그러나 최근 신경 과학 분야의 연구 덕분에 뇌

---

10 ▪ 앙헬 페레스 고메스는 스페인 말라가 대학 교수로 과학 교육 및 학교 조직 분야를 가르치고 있다. 여기에 소개된 내용은 그가 이카스톨라 제12차 교육학 학술 대회에서 발표한 내용이다.

의 인지 구조가 우리의 활동을 좌우하는 것이 아니라, 우리의 활동이 뇌의 인지 구조를 좌우한다는 것을 알게 되었다.

우리의 뇌에서는 매일 4~5천여 개의 신경 세포가 뇌의 줄기세포로부터 신경 형성neurogenesis이라는 과정을 통해 생성된다. 신경 회로는 아주 어릴 때부터 뇌의 활동을 통해 만들어지는데, 일부는 유지되고 일부는 즉시 사라지기도 한다. 특히 수행되는 활동들이 산발적이고 일상생활에 유용하지 않거나 의미가 없을 때, 신경 회로들은 만들어졌다가 곧바로 사라진다.

반면에 뇌의 활동이 반복적이고 유의미하게 이루어지면, 신경 회로는 오솔길에서 보행로로, 보행로에서 포장도로로, 포장도로에서 고속도로로 변화한다. 그리고 외부에서 들어오는 모든 자극은 이러한 경로를 따라 해석된다. 만약 신경 회로가 비뚤어져 있다면 우리는 외부 자극을 왜곡되게 해석하게 되지만, 이러한 신경 회로가 막힘없이 활짝 열려 있다면 우리는 외부 자극을 긍정적으로 해석하게 된다. 이러한 이유 때문에 페레스 고메스는 아이들이 어린 시절에 수행하는 활동이 매우 중요하다고 말한다. 이때 무슨 활동을 하느냐에 따라 뇌의 경로와 구조가 바뀌기 때문이다.

그러므로 평소에 우리가 아이들과 함께하는 활동이 단지 시험을 위한 것이고, 그것이 일상생활에 별로 중요하지 않다면, 이러한 활동을 통해 생성된 신경 회로는 결국 사라지게 될 것이다. 이러한 신경 회로들이 만들어지기 위해서는 많은 시간과 노력이 들지만, 사라

지는 건 한순간이다.

▪ 무의식

신경 과학 연구에 따르면, 인간의 뇌 활동의 90~95%가 무의식적으로 이루어진다고 한다. 다시 말해, 인간의 뇌가 효율적으로 작동하기 위해 반드시 의식이 필요하지는 않다는 것이다. 뇌는 과정을 자동화하는 경향이 있다. 뇌는 반복적이고 유의미하며 기능적인 활동을 자동화하고 기계화하기 때문에, 활동을 수행하는 데 의식이 필요하지는 않다. 자동화된 행동들은 무의식으로 이동한다. 그러면 의식은 나머지 행동을 자유롭게 선택하고 추구하며 제안하고 결정할 수 있게 된다. 예를 들어 언어 습득이나 자동차 운전, 신발 끈 묶기 등은 복잡한 활동일 수 있지만, 한번 배워 두면 이와 관련된 행위들을 자동적으로 수행할 수 있다. 이처럼 우리 삶의 대부분은 무의식적으로 작동하고 있다.

최근에 기능적 자기 공명(fMRI)을 활용한 연구를 통해 다음과 같은 사실이 밝혀졌다. 연구자가 실험 참여자에게 A와 B중 하나를 선택하라고 요청할 경우, 연구자는 실험 참여자가 선택을 내리기 몇 초 전에 이미 그가 무엇을 선택할 것인지 알 수 있다는 것이다. 연구자가 신경 회로의 기능과 작용을 통해 실험 참여자의 의식에서 어떤 일이 벌어지는지 알 수 있기 때문이다.

인생에서 일어나는 수많은 일들은 조화롭지도 완벽하지도 않다.

실제로 어떠한 상황을 해석하거나 결정을 내릴 때, 우리는 종종 갈등에 휩싸이거나 마음속에서 논쟁의 과정을 겪는다. 페레스 고메스의 견해에 따르면, 그래서 우리는 의식의 영역 외에 무의식의 영역에 대해서도 연구를 해야 한다. 무의식은 일종의 자동 조정 장치로서 우리 삶에 상당한 영향을 끼친다. 우리의 습관과 감정, 가치와 신념은 대개 무의식에 자리 잡고 있으며, 우리의 삶을 불가피하게 좌우하기도 한다. 페레스 고메스는 아이들이 자율적이면서도 완전한 인간으로 성장하기 위해서는 스스로 자신의 무의식적 행동 방식을 이해하고 파악할 수 있도록 도와주어야 한다고 주장한다. 이때 교사의 역할은 아이들이 자신의 경험과 습관을 되돌아볼 수 있도록 하는 것이다.

- **감정**

인간은 감정을 표출한다. 감정은 인간이 살아가는 데 필요한 가장 기본적인 요소이며, 시간이 지남에 따라 느낌의 형태가 되었다가 결국에는 마음의 상태가 된다. 감정은 뇌의 시상하부, 해마, 편도체와 관련이 있으며, 외부 자극에 대한 반응이 바로 이곳에서 시작된다. 즉, 우리는 외부 자극에 대해 감정적이고 생리학적 반응으로 응답하며, 즉각적으로 이 반응은 우리의 의식에 도달하게 된다. 감정과 동기부여는 교육에서 매우 중요한 요소이다. 페레스 고메스는 뇌를 컴퓨터에 비유해서는 안 된다고 주장한다. 뇌는 정보를 수집하

고, 이를 오랫동안 저장하고, 필요할 때 해당 정보를 불러오는 등 여러 가지 일을 한 번에 수행하지 못한다. 반면에 컴퓨터는 이러한 활동을 아무런 어려움 없이 병행할 수 있다. 뇌는 항상 목적과 목표를 갖고 지식을 저장한다. 뇌의 첫 번째 목적은 생존이며, 두 번째 목적은 욕구를 충족하는 것이고, 세 번째 목적은 개인의 꿈과 욕망을 실현하는 것이다.

한편, 호세 안토니오 마리나는 지능에 관한 새로운 이론을 발표했다. 그는 오늘날 심리학 연구 분야가 지나치게 세분화되어 있어 교육 전문가들에게 도움이 되지 않는다고 지적했다. 예를 들면 현재 미국에서는 심리학이 54개 연구 분야로 나뉘어 있다. 이처럼 인간을 계속해서 세분화하여 연구하다 보면 우리는 결국 전체로서의 인간이 어떻게 행동하는지 알 수 없게 될 것이다. 마리나는 과학이 지식을 해체해야 한다면, 교육은 전체적인 조망과 개입의 측면에서 하나의 온전한 인간을 바라봐야 한다고 주장했다.

이러한 관점에서 마리나[11]는 운영 지능executive intelligence이라는 통합적 이론을 고안해 냈다. 운영 지능이란 적절한 행동을 취하고 적절한 목표를 정하며 적절하게 정보를 활용하고 적절하게 감정을 통제하는 능력을 말한다. 지능은 크게 두 가지 영역에서 작동한다. 첫 번

---

11 • id.: *La inteligencia ejecutiva*, Ariel, 2012.

째는 생각, 느낌, 욕구, 환상, 충동을 표현하는 영역이다. 두 번째는 첫 번째 영역에서 표현된 행동을 통제, 전달, 지휘, 시작 또는 중단하는 영역이다. 마리나에 따르면, 교육의 역할은 생각하는 힘과 기술을 키우는 것이다. 그러므로 인지적 측면을 발달시키는 것만으로는 충분하지 않으며 주의 집중, 자기 통제, 신체적 인내력과 같이 자유의지를 강화하는 것이 매우 중요하다.

마지막으로 신경 교육neuroeducation에 대해 소개하고자 한다. 최근에 생겨난 이 분야는 뇌에 관한 다양한 연구 결과를 바탕으로 교육에 대한 새롭고 혁신적인 관점을 제공한다. 신경 교육의 목표는 뇌에 관한 과학 연구 결과를 심리학, 사회학, 의학 분야의 지식과 통합함으로써, 인간의 학습 및 기억 과정 그리고 교수 과정에서의 개선점을 제안하는 것이다. 신경 교육은 프란시스코 모라Francisco Mora[12]가 고안한 것으로, 그의 주장에 따르면 감정과 인지는 서로 분리할 수 없다.

이후 인간의 본능에 대해 분석할 때 알게 되겠지만, 호기심과 학습 능력은 인간에게 내재되어 있다. 호기심과 학습은 인간의 생존을 위한 필수 요소이다. 만약 인간에게 배우는 능력이 없다면 살아가는데 큰 어려움을 겪게 될 것이기 때문이다. 인간의 학습 유전자를 작동시키기 위해서는 물리적 세계와 접촉시켜야 한다. 인간은 물리적

---

12 • MORA, Francisco: *Neuroeducación*, Alianza Editorial, 2013.

세계에서 새로운 것을 발견하면 호기심이라는 감정이 생겨나게 되는데, 그러면 자동적으로 학습에 대한 관심이 생기고 학습 및 기억과 관련된 신경들이 작동하게 된다. 모라가 제시한 다음 순서도는 이러한 과정을 이해하는 데 도움이 된다.

감정 ⋯→ 관심 ⋯→ 인지 ⋯→ 기억

신경 과학 분야의 연구 덕분에 '지식의 문을 여는 것은 감정'이라는 사실을 모든 교사가 인지하게 되었다. 먼저 호기심이라는 감정이 일어나면, 자동적으로 학습에 대한 관심이 생기고, 학습 및 기억과 관련된 신경들이 작동하게 된다. 그러므로 교사는 학생들의 호기심을 자극하는 방식으로 수업을 시작해야 한다. 그것은 한 편의 그림이나 문학 작품일 수도 있고, 그날 일어난 특별한 사건 또는 이국적인 물건일 수도 있다. 이러한 도입 방식은 수업 주제와 관련된 학생들의 학습 능력을 활성화한다. 이미 이러한 방식을 실행에 옮기고 있는 교사들이 있는데, 이들이 발견한 사실은 다음과 같다. 수업 주제를 본격적으로 다루기 전에 학생들에게 앞으로 뇌에서 처리해야 할 것들을 이미지로 몇 분간 보여 주면, 학생들이 해당 수업 주제에 큰 관심을 보인다는 것이다.

프란시스코 모라와의 인터뷰
2014년 9월 15일, 디지털 매거진 INED21

그러므로 수업 시간에 교사가 호기심이라는 감정을 불러일으키지 못하면, 어린 아이는 물론 성인에게도 유의미한 학습을 진행시키기 어렵다.

교육체계와 내용

지금까지 신뢰의 교육학을 뒷받침하는 이론적 배경에 대해 설명했다. 다음으로 이카스톨라의 교육체계와 내용에 대해 설명하고자 한다. 이카스톨라의 세 가지 교육 영역은 다음과 같다.

- 양육과 발달 영역
- 교육 환경 영역
- 교수 학습 영역

이카스톨라의 교육자들은 각각의 영역에 대해 다음과 같은 질문을 던졌다.

- 아이들이 자기 자신과 다른 사람들을 신뢰하는가?
- 아이들이 스스로 안전함을 느끼고 주변 환경을 신뢰하는가?
- 아이들의 학습 과정은 즐겁고 성공적인가?

이러한 질문을 토대로 우리는 이카스톨라의 교육 영역과 세부
내용을 다음과 같이 정리했다. 이것은 신뢰의 교육학이 제대로 실행
되고 있는지 파악하고 검증하는 데 도움을 준다.

| 이카스톨라의 교육 영역과 세부 내용 |

양육과 발달 영역	▶ 아이의 본능에 민감하게, 그리고 적절하게 반응하기 ▶ 아이의 재능을 발견하고 평가하고 개발하기 ▶ 아이에게 어려움이 생겼을 때 제때 감지하고 대응하기 ▶ 아이의 고통에 공감하고 문제를 해결할 수 있도록 돕기 ▶ 양육자 보살피기
교육 환경 영역	▶ 학교와 가정 그리고 마을을 잇는 신뢰 관계 구축하기 ▶ 공간과 시간의 개념 재정립하기 ▶ 서로 존중하고 배려하는 교실 분위기 조성하기 ▶ 성공적인 모둠 관리하기
교수 학습 영역	▶ 학습 동기 활성화하기 ▶ 능동적인 학습 환경 조성하기 ▶ 형성 평가 실시하기 ▶ 다중 지능 개발하기

양육과 발달 영역

우리는 아이들의 양육과 발달을 보장하기 위해서는 무엇보다 자기 자신과 다른 사람에 대한 신뢰가 중요하다고 생각했고, 이러한 신뢰를 구축하기 위해 어떠한 교육 방법이 필요한지 논의했다. 그 결과, 다음과 같은 다섯 가지 항목을 선정했다.

- 아이의 본능에 민감하게, 그리고 적절하게 반응하기
- 아이의 재능을 발견하고 평가하고 개발하기
- 아이에게 어려움이 생겼을 때 제때 감지하고 대응하기
- 아이의 고통에 공감하고 문제를 해결할 수 있도록 돕기
- 양육자 보살피기

각각의 세부 내용을 설명하기에 앞서, 먼저 교사와 학부모에게 다음과 같은 조언을 하고 싶다.

첫째, 우리는 우리 자신의 본능이 어떻게 활성화되며 이러한 본능을 어떻게 다루어야 하는지 알아야 한다. 그래야 아이들의 다양한 본능에 대해서도 적절하게 반응하며 교육할 수 있다. 둘째, 우리가 먼저 우리 자신의 재능을 발견하고 평가하며 개발할 수 있을 때에야 비로소 우리 아이들의 재능을 발견하고 평가하며 개발할 수 있다. 셋째, 우리가 우리 자신의 삶에 어떠한 어려움이 생겼는지 알아차리

지 못하고 적절히 대처하지 못한다면, 우리는 아이들의 삶에 어려움이 생겼을 때 알아차리지 못하고 적절히 대처하지도 못할 것이다. 넷째, 우리가 마음의 여유를 갖고 우리 자신의 고통에 공감하는 법을 배우지 못한다면, 우리는 우리가 책임지고 있는 아이들의 고통을 이해하거나 공감하기 어렵다. 다섯째, 우리가 우리 자신을 존중하지 않고 제대로 돌보지 않는다면, 우리는 다른 사람을 동일한 방식으로 대하기 어려울 것이다.

아이의 본능에 민감하게, 그리고 적절하게 반응하기

동물행동학은 인간의 본능에 대한 연구를 통해 교육학에 크게 기여했다. 콘라트 로렌츠Konrad Lorenz는 본능을 "인간 및 인류의 생존에 필요한 과제 수행 방법을 아는 것, 학습되는 것이 아니라 타고나는 것"이라고 정의했다. 실제로 본능은 내부 또는 외부 자극에 의해 활성화된다.

우리의 본능이 일깨워지면, 우리는 마음이 불편해지고, 어떤 욕구나 욕망을 감지하게 된다. 그리고 이러한 긴장 상태를 해소하고 싶은 욕구나 욕망이 강한 동기부여로 작용하여 우리를 행동으로 이끈다. 인간의 본능에는 다음과 같은 네 가지 측면이 있다.

신체적 측면	인간이 생존을 위해 수행하는 행동을 말한다. 무의식적 행동이나 도구적 행동으로 나타나기 때문에 관찰이 가능하다.
감정적 측면	인간은 소리 언어와 몸짓언어를 통해 감정과 정서를 드러낸다. 그래서 교육학에서는 언어를 통해 자기표현 능력을 기르는 것을 매우 중요하게 생각한다.
상상적 측면	인간의 본능이 활성화되면서 나타나는 상상의 이미지나 표현을 말한다.
자율신경적 측면	신체 기관의 운동 및 작용을 말한다. 특정 호르몬의 분비, 혈압의 변화, 피부의 전도, 심박 수와 호흡 변화 등의 생리학적 측정을 통해 관찰이 가능하다.

신뢰의 교육학 관점에서 보면, 아이의 본능에 민감하게, 그리고 적절하게 대응하는 것이 중요하다. 예를 들어 아이의 탐구 본능이 나타나면 이러한 욕구를 채울 수 있는 학습 자료와 도구를 제공해야 한다. 사교 및 친교 본능이 나타날 경우에는 다른 아이들과 사회적으로 상호작용할 수 있는 기회를 마련해 주고, 도피 및 공포 본능이 나타날 경우에는 안전한 장소를 제공해야 하며, 공격 본능이 나타날 경우에는 이를 조절하는 법을 가르쳐야 한다.

여기서 한 가지 명확하게 해 두고 싶은 것이 있다. 아이를 교육할 때 '양육해야 하는 것'과 '학습시켜야 하는 것'을 구분해야 한다는 사실이다. 라파엘 크리스토발은 아이의 본능과 욕구에 어떻게 반응하고 대응해야 하는지에 대해 다음과 같이 이야기한다.

"한 사람의 정체성은 학습이 아닌 양육을 통해 구축되어야 한다. 아동기와 청소년기에 애착이나 유대, 돌봄과 같은 기본적 욕구를 충족시켜 주는 환경을 제공하면, 이들은 조화롭고 균형 잡힌 사람으로 성장할 수 있다."

아이들은 성장하면서 자신의 본능 및 욕구 또한 다양한 방식으로 표출하고, 이러한 본능 및 욕구 충족에 필요한 일련의 행동들을 보인다. 우리는 이때 아이들이 자신의 행동을 스스로 적절하게 강화하거나 수정할 수 있도록 도와야 한다. 왜냐하면 이것이야말로 아이들이 '양육'이 아닌 '학습'을 통해 배울 수 있는 유일한 영역이기 때문이다. 예를 들어 우리는 아이가 '학습'이라는 방식을 통해 애착 욕구를 느끼지 '않도록,' 도피 욕구를 느끼지 '않도록', 다른 사람과 함께하는 것을 싫어하지 '않도록' 만들 수 없다. 이러한 본능과 욕구는 선천적이기 때문이다. 이때 우리가 개입할 수 있는 유일한 방법은, 아이가 이러한 본능과 욕구를 스스로 조절할 수 있도록 특정한 상황과 조건을 제공하는 것뿐이다.

인간의 본능 및 욕구 체계에 대한 연구는 많이 있지만, 우리는 라파엘 크리스토발의 체계를 참고하여 '아동 및 청소년의 사회적 발달'이라는 관점에서 가장 중요하다고 생각하는 다음의 여덟 가지 본능을 채택했다.

- 밀착 및 애착 본능
- 탐구 본능
- 도피 및 공포 본능
- 사교 및 친교 본능
- 공격 본능
- 위계 본능
- 돌봄 및 보호 본능
- 성적 본능

그리고 이러한 여덟 가지 본능에 대해서는 부록에 자세한 설명과 유형별 교육 활동 및 지침을 담아 두었으니 참고하기 바란다.

아이의 재능을 발견하고 평가하고 개발하기

모든 사람은 재능과 잠재력을 갖고 있다. 지금 이 순간에도 우리는 서로 다른 재능을 끊임없이 개발하고 있으며, 여전히 개발되지 않은 재능들도 많다. 이러한 재능과 잠재력은 우리가 누구이며, 어떤 사람이 될 수 있는지 비춰 주는 거울과 같다. 교육자로서 아이의 재능과 잠재력을 발견하고 평가하고 개발하는 방법을 아는 것은 아이의 자아 및 진로 발견에 큰 도움이 된다.

몇 가지 질문을 해 보면 좀 더 명확해질 것이다. 당신의 자녀나 학생을 머릿속에 떠올려 보라. 당신은 아이의 재능과 잠재력을 어떻게

평가할 것인가? 아이는 무엇을 잘하는가? 무엇이 아이를 행복하게 만드는가? 당신이 발견한 아이의 재능과 잠재력에 대해 아이와 이야기를 나누어 본 적이 있는가? 이것은 아이에게 어떠한 도움이 되는가?

그리고 아이가 자신의 재능을 인식하고 발견하기 위해서는 어른들의 역할이 가장 중요하다.

교육 심리학은 아이의 이러한 강점에 집중함으로써 좋은 결과를 얻을 수 있다. 이 분야의 연구들에 따르면, 긍정적인 경험을 우선시하고 개인의 능력 개발을 강조하는 교사는 학생으로부터 긍정적인 심리 발달을 이끌어 낼 가능성이 높다고 한다. 이러한 관점에서 셀리그먼과 칙센트미하이Seligman and Csikszentmihalyi(2000)는 아이의 능력 개발을 위해서는 단순히 아이의 잘못된 부분을 바로잡는 데 그치지 말고, 아이의 자질과 능력을 발견하고 강화하며 이를 발휘할 수 있도록 도와주어야 한다고 주장한다. 이처럼 강점을 발견하고 이를 강화하는 과정을 통해, 아이는 현재와 미래의 어려움을 성공적으로 관리하는 능력을 개발하게 된다. 따라서 학교와 가정에서는 이처럼 아이의 강점을 개발할 수 있는 환경을 조성해 주어야 하며, 아이의 잠재력을 이끌어 내는 교육 활동을 제공해야 한다.

알다나 솔[13]

---

13 • SOL GRINHAUZ, Aldana: *"El análisis de las virtudes y fortalezas en niños: una breve revisión teórica"* in Psicodebate, 12 (2012), 19-61. or.

교사는 아이의 잠재력을 예의 주시하며 아이가 자신의 잠재력을 개발할 수 있도록 도와주어야 한다. 이를 위해서는 아이의 소질과 능력을 발견하고 강화하며 아이의 개성을 관찰하는 것이 중요하다. 자신의 소질과 능력을 스스로 향상시키지 못하고 단지 과제나 결과물로만 평가받을 때 아이는 깊은 상처를 받을 수도 있다. 그뿐만 아니라 교사가 아이에 대한 본인의 기대나 욕구를 충족시키기 위해 아이의 소질과 능력, 잠재력을 개발하고 훈련시킬 때에도 문제가 생길 수 있다. 교사는 영유아 교육에서 그들이 차지하는 역할이 얼마나 큰지 분명히 인식해야 한다. 교사는 아이의 소질과 능력, 잠재력을 일깨울 수 있다. 그리고 교사의 말이 아닌 경험과 행동을 통해 아이 스스로 자신의 자질과 가치를 발견할 수 있도록 도울 수 있다. 무엇보다 교사가 진실하게 자신의 정체성에 맞게 살아갈 때, 이러한 모습이 생동감 있고 호의적인 분위기를 만들어, 아이가 자신의 정체성과 개성을 찾아가는 데 도움이 될 수 있다. 마지막으로 교사는 아이가 실제로 자신의 잠재력을 발휘할 기회를 제공하고, 아이가 무엇을 원하는지에 관심을 쏟음으로써, 아이가 자신의 정체성과 개성을 확립할 수 있도록 도울 수 있다.

마리아 로사리오 페르난데스 도밍게스[14]

14 • FERNÁNDEZ DOMÍNGUEZ, Maria Rosario: "Más allá de la educación emocional: La formación para el crecimiento y desarrollo personal del profesorado. PRH como modelo de referencia" in REVISTA INTERUNIVERSITARIA DE FORMACIÓN DEL PROFESORADO, 54 (2005), 195-254. or.

교육자로서, 우리에게는 아이의 재능에 관한 세 가지 기본 과제가 있다. 바로 재능을 발견하고 평가하며 개발하도록 돕는 것이다. 무엇보다 우리는 아이의 재능을 주의 깊게 관찰하는 방법을 알아야 한다. 그러나 그보다 먼저 교사인 우리가 자신의 재능을 발견하고 평가하며 개발할 수 있어야 한다. 그렇지 않으면 다른 사람의 재능을 발견하고 평가하며 개발할 수 없기 때문이다. 이것은 어디까지나 개인적인 노력이 필요한 부분이다.

이를 위해 우리는 자문해 봐야 한다. 나의 재능은 무엇인가? 나는 무엇을 잘하는가? 나를 행복하게 만드는 것은 무엇인가? 교사로 활동하면서 이러한 능력과 기술을 개발할 수 있는가?

우리가 자신의 소질과 능력을 발견하기 위해 이러한 질문을 던질 때, 교사라는 직업의 소명 의식을 고취시키는 것은 무엇이며 그것이 어떠한 특징을 갖고 있는지 생각해 볼 때, 우리는 비로소 아이들의 재능을 발견하고 평가하는 여정에 들어선 것이다. 앙드레 로셰André Rochais가 말한 것처럼, "우리는 우리 자신의 발달에 노력을 기울여야 할 책임이 있는 존재"인 것이다.

재능은 개개인의 소명과 인생 과업을 달성하는 데 중요한 역할을 한다. '나를 나답다고 느끼게 해 주는 것은 무엇인가?' '평생 동안 나는 나의 소질과 능력을 개발해 왔고, 나에게는 아직도 발견할 재능이 남아 있다.' '내가 알고 있는 나의 재능 가운데, 나를 진정으로 충만하게 하는 것은 무엇인가?' 이러한 생각과 질문에 대한 해답을

찾아가면서 우리는 우리의 소질과 재능 그리고 행동 방식에 대해 알게 된다. 그러므로 우리는 이러한 질문에 대한 답을 열심히 찾아야 한다. 우리의 행복도, 우리의 성공적인 인생도, 여기에 달려 있기 때문이다. 교육자는 단순히 역량이 뛰어난 아동과 청소년의 발달을 돕는 선에서만 머물러서는 안 되고, 그 이상을 책임져야 한다. 우리는 그들이 각자의 인생 과업을 수행하기 위해 단단한 기반을 세울 수 있도록 도와야 한다.

우리가 이 책 전반에 걸쳐 여러 차례 언급한 것처럼, 지금까지 우리는 우리의 소명에 따라 살면서, 우리 아이들이 각자의 소명을 깨닫고 개발할 수 있도록 돕고 있다. 아이들에게 교과 교육에 대한 호기심과 흥미를 일깨우는 것 말고도, 교사는 열과 성을 다해 자신의 일을 계속함으로써, 자신의 재능을 발휘할 때 느끼는 행복과 만족감을 아이들에게 전염시킨다.

아이에게 어려움이 생겼을 때 제때 감지하고 대응하기

신뢰의 교육학 관점에서 보면, 아이에게 어려움이 생겼을 때 교사는 최대한 빨리 그것을 감지해야 하고, 아이가 <u>스스로</u> 그것을 관리할 수 있도록 도와야 한다.

아동 및 청소년의 적절한 발달을 위해서는 아이가 어려움이 생겼을 때 이를 곧바로 감지해야 한다. 여기에서 말하는 '어려움'은 건강 문제나 가족 문제, 친구 문제, 학급 내 문제, 학습 관련 문제 등 개

인의 발달에 걸림돌이 되는 모든 요인을 뜻한다.

때때로 아이들은 우리가 간과하며 지나칠 수 없는 방식으로 행동하는 경우가 있다. 학급 친구들이나 선생님 또는 부모에게 폭력적으로 행동하는 경우도 있고, 학습에 대한 흥미나 동기부여 또는 집중력이 떨어지는 경우도 있으며, 다른 친구들과 소통하는 데 어려움이 있거나 여러 명의 친구에게 과도하게 의존하는 경우도 있다.

교사와 학부모는 이러한 상황을 감지하고 적절한 방식으로 개입해야 한다. 여기에서 말하는 '감지'한다는 것은 아동 및 청소년을 주의 깊게 관찰하고, 관찰한 바를 제대로 해석하는 방법을 안다는 뜻으로, 부모와 교사 그리고 상담가가 공동으로 맡아야 하는 매우 중요한 역할이다. 0세부터 3세까지의 아동과 3세부터 6세까지의 아동을 위한 관찰일지가 이러한 목적으로 개발되었다.

그러나 어려움을 감지하는 것만큼 중요한 것이 그러한 어려움을 지닌 사람이 그것을 잘 관리하도록 돕는 것이다. 이를 위해서는 성인과 아동 모두에게 적절한 전략이 필요하다.

아이의 고통에 공감하고 문제를 해결할 수 있도록 돕기

이것은 앞서 말한 '어려움'의 문제와 직접적인 연관이 있다. 아이들은 어려움이 생겼을 때 고통을 겪는다. 과도하게 의존적인 아이도, 다른 아이들 또는 어른들과 안정적인 유대 관계를 형성하지 못하는 아이도, 자신의 계획이 완전히 좌절된 아이나 항상 다툼에 휘

말리는 아이도 모두 고통을 겪는다.

고통의 원인은 '신체적인 경우', 친구들 또는 어른들의 비웃음이나 배제나 판단에서 비롯되는 '심리적인 경우', 그리고 학습 과정에서 경험하는 어려움처럼 '개인적인 역량과 관련 있는 경우' 등 다양하다. 교육자는 다양한 교육 활동을 통해 이러한 고통을 경감시킬 수 있다. 예를 들면 아이의 고통과 괴로움에 대해 판단하지 말고, 그러한 고통과 괴로움이 끝날 때까지 그들의 이야기에 귀 기울이는 것이 한 가지 방법이 될 수 있다. 그리고 아이가 그들 자신과 자신의 상황을 이해할 수 있도록 도우며, 이후에 그들이 다시 활동에 동참하면 그들을 지지해 주는 방법도 있다.

아동 및 청소년의 조화로운 발달을 위해서는 다음과 같이 특정한 욕구들이 충족되어야 하는데, 이처럼 어려움이 생길 경우에는 더더욱 그렇게 해야 한다.

조화로운 발달이 이루어지려면 특정한 욕구들을 반드시 충족시켜야 한다. 아동 및 청소년이 건강한 방식으로 개발해야 할 욕구들에는 인정받기, 무조건적으로 사랑받기, 안전하다고 느끼기, 어린 성인이 아니라 아동으로 대접받기, 자신들이 학습한 것을 행하기, 자기 자신 되기 등이 있다.

마리아 로사리오 페르난데스 도밍게스

양육자 보살피기

신뢰와 돌봄은 함께 간다. 이카스톨라의 모든 구성원은, 우리가 지역사회의 일원이라는 사실과 지역사회 안에서 서로 관심을 갖고 돌보는 행위가 우리가 제시하는 교육학 내용과 일맥상통한다는 사실을 인식해야 한다. 그렇다면 신뢰의 교육학의 또 다른 핵심적인 기반은 학생과 학부모 그리고 교육 전문가들이 서로를 보살피고 관심을 기울이는 것, 즉 지역사회의 돌봄이라 할 수 있다.

이카스톨라에서 우리는 학기 내내 여러 과제와 활동 그리고 과정과 역할을 수행한다. 이러한 과정에서 모두에게 동일한 역할과 책임감이 주어지는 것은 아니다. 그중에 일부는 사람들을 동원하고 중재하며 이끄는 일에 관여하는데, 이때 함께하는 사람들과의 관계 맺는 방식에 주의를 기울여야 한다. 예컨대 우리는 개방적이고 항상 도울 준비가 되어 있어야 하며, 공손하게 행동해야 하고, 우리가 협력하고 있는 사람들과 소통해야 한다.

교육 전문가들을 돌보고 보살피는 방법은 다음과 같다. 첫째, 양질의 관계를 구축한다. 이를 위해 우리는 우리와 함께 일하는 사람들에게 공감하고 집중해야 한다. 개개인이 유일무이한 존재이기 때문이다. 우리 모두에게는 강점과 약점, 걱정거리, 욕구, 한계, 그리고 개선 가능성이 있다. 둘째, 직원들이 개인적으로 성장하고 전문성을 갖출 수 있도록 돕는다. 일반적으로 우리가 일하는 목적은 단순히 월급을 받기 위해서가 아니다. 우리의 잠재력을 깨닫는 것이 월급만

큼이나 우리의 행복에 중요하다. 이를 위해 우리는 다음과 같은 조건을 마련해야 한다.

- 우리 모두가 진짜 우리 자신이 될 수 있는 환경 만들기
- 우리의 전문 직업 분야에서 각자의 역량을 발휘할 수 있는 기회 제공하기
- 공적 인정하기
- 교육자들이 그들의 소명을 발견하고 소명대로 살고 소명을 풍요롭게 할 수 있는 훈련 제공하기
- 한편으로는 전문 직업 교육자들이 있다는 것이 얼마나 행운인지, 또 다른 한편으로는 소명을 발견하고 소명대로 살고 그것을 키워 나가는 것이 얼마나 중요한지 인식하기
- 유쾌하고 편안하며 따뜻하고 아름다운 작업 공간 만들기

학부모를 돌보고 보살피는 방법은 다음과 같다.

- 아이의 성장과 어른의 역할에 대한 우리의 주요 비전 공유하기
- 우리가 제공하는 교육 활동 및 내용에 관한 지침 제공하기
- 아이에게 어려움이 생겼을 때 지원하기
- 자녀를 위한 부모-교사 간 면담 시간에 한 사람을 이해하는 우리의 방식 전달하기

| 부모 학교 |

호세바 아스카라가(2010)는 오늘날 부모 학교의 역할이 지닌 중요성에 대해 다음과 같이 설명한다.

"일반적으로 오늘날의 가족 구조는 좀 더 유연하고 취약하며 개별화되어 있다. 가족이 아침식사나 저녁식사를 함께하는 것이 갈수록 어려워지고 있다. 그리고 다음과 같은 이유로 인해 가정 안에서의 사회화 기능이 과거에 비해 약화되고 있다. 첫째, 우리는 자녀들을 그 어느 때보다도 이른 나이에 기관에 맡기고 있다. 둘째, 몇몇 중요한 인물이 아이의 사회화 과정에 관여하고 있다. 셋째, 무엇보다 어른들이 미래 세대에 무엇을 전해야 할지에 대해 자신감과 안정감을 상실했다. 이에 따라 아이들이 학교에서 겪게 되는 정체성 발달은 다음과 같은 특징을 갖는다. 그들의 주변 환경에서 제공되는 참조 체계의 다양성과 취약성이 바로 그것이다."

부모 학교는 신뢰의 교육학을 수행하기 위해 다음의 역할을 한다.

▶ 학부모가 아이를 제대로 이해하고 아이에게 적절한 방식으로 개입할 수 있도록 지침을 제공한다.
▶ 자녀들이 아동기와 청소년기를 보내는 동안 학부모 또한 교육자로서 전문가들만큼이나 일관된 방식으로 교육에 개입할 수 있도록 허용한다.
▶ 학부모에게 교육 문제에 관한 기준과 지침을 제공한다.
▶ 학부모 스스로 교육자로서의 역할을 자신감 있게 수행할 수 있도록 그들에게 학습과 대화의 공간을 제공한다.
▶ 학부모 스스로 학교를 활성화시키며 활력을 불어넣을 수 있는 존재가 된다.

교육 환경 영역

지금까지 아이들의 양육과 발달을 위해 갖추어야 할 신뢰의 조건과 이러한 신뢰를 마련하기 위해 어떠한 교육 방법이 필요한지에 대해 이야기했다. 이제 아이들에게 안전하고 신뢰할 만한 교육 환경을 제공하기 위해 어떠한 교육 방법이 필요한지에 대해 이야기하고자 한다. 구체적인 교육 방법은 다음과 같다.

- 학교와 가정 그리고 마을을 잇는 신뢰 관계 구축하기
- 공간과 시간의 개념 재정립하기
- 서로 존중하고 배려하는 교실 분위기 조성하기
- 모둠을 성공적으로 관리하기

학교와 가정 그리고 마을을 잇는 신뢰 관계 구축하기

이카스톨라와 가정 그리고 마을 사이에는 자연스럽게 형성된 관계가 있다. 애초에 가정과 마을이 개입하지 않고 학교를 설립하는 것은 불가능하기 때문이다. 역사적으로 이카스톨라가 형성되는 과정에는 항상 가정과 마을이 연관되어 있었고, 이런 관계는 지금도 상당 부분 지속되고 있다. 일반적으로 이카스톨라는 마을에 통합되어 있고, 마을은 이카스톨라에 통합되어 있다. 그러나 신뢰의 교육학 체계 안에서 이루어지는 이카스톨라와 마을 사이의 관계 구축은

그보다 한 걸음 더 나아가야 한다. 이카스톨라의 교육자들이 아이들로부터 신뢰를 얻기 위해서는 무엇보다 이카스톨라가 가정 그리고 마을과 신뢰 관계를 유지하고, 전체적으로 안정적인 신뢰의 분위기 속에서 아이들을 교육해야 한다.

그렇다면 이러한 신뢰 관계를 구축하기 위해서는 어떻게 해야 할까? 먼저 가정을 이카스톨라로 끌어들여야 한다. 그들을 학교 활동에 동참시키고, 교사와 가족들이 자연스럽게 소통할 수 있는 장을 마련하는 것이다. 아이들이 이러한 상호 관계를 목격할 때 그들은 '신뢰'를 감지하고, 부모와 조부모, 양육자와 교사 등 자신의 인생에서 가장 중요한 어른들 모두가 이카스톨라와 연관이 있으며, 그들이 자신의 문제에 대한 상담을 비롯하여 많은 일을 함께 처리하고 있고, 자신의 가족이 학교에 있는 교육자들을 신뢰하면 자신 또한 그들을 신뢰할 것이라고 생각하게 된다. 아이들에게 안전하고 신뢰할 만한 교육 환경을 제공하기 위해서는 반드시 교육자와 가족들이 이러한 신뢰 관계를 구축해야 한다.

아이들은 성장 과정에서 자연스럽게 다른 사람들과 어울릴 수 있는 공간과 관계를 찾게 된다. 이때 마을이 그들의 사회화 공간이 된다. 이러한 이유 때문에, 우리는 아이들이 아동기에 가족들과 애착 관계를 구축하는 것만큼이나 청소년기에 마을 사람들과 신뢰 관계를 구축하는 것이 중요하다고 믿고 있다. 그렇다면 어떻게 해야 이러한 관계를 구축할 수 있을까? 방법은 간단하다. 서로를 차근차

근 알아가고, 다양한 일을 함께해 나가면 된다. 아이들이 실제 상황에서 배울 수 있도록, 마을 사람들이나 단체와의 협력 사업을 모색하는 것도 좋은 방법이다. 아이들에게 학교라는 울타리를 벗어나 실제적이고 유의미한 학습을 제공하는 기회도 될 수 있다.

우리의 업무 방식이나 교육 방식이 외부의 시선에 완전히 노출되어 감시당한다는 생각이 든다면, 이처럼 가족이나 마을 사람들을 교육 활동에 끌어들이는 것이 불편하게 느껴질 수 있다. 그러나 우리가 우리의 교육 철학과 방법론을 제대로 이해하고 완벽하게 다듬어 갈수록, 우리는 우리의 일과를 좀 더 자신 있게 사람들에게 개방할 수 있으며 그들과 협력할 수 있게 될 것이다.

공간과 시간의 개념 재정립하기

아이들에게 안전하고 신뢰할 만한 교육 환경을 제공하기 위해서는 공간과 시간의 개념을 재정립해야 한다. 실제로 교육 혁신을 주장하는 전문가들과 이를 실천하고 있는 혁신 학교들은 우리에게 이카스톨라 안에서 공간과 시간이 구성되는 방식에 대해 다시 생각해 볼 기회를 마련해 주었다.

먼저 '공간'에 대해 이야기해 보자. 마리아 아카소[Maria Acaso][15]는 우리에게 스스로 교육 활동의 건축가가 되어야 하며 전통적인 교실을

---

15 • ACASO, María: *Reduvolution: Hacer la revolución en la educación*, Paidós, 2013.

우리는 무엇을 보는가? 우리는 교실을 본다. 닫혀 있고 외부 세계와 단절되어 있는 공간이다. 한 사람은 서 있고 다른 사람들은 앉아 있다. 서 있는 사람 뒤에 칠판이 있다. 그것은 전자 칠판일 수도 있지만 서 있는 사람만 그것을 사용할 수 있다. 수십 명의 사람들이 앉아 있는 교실 책상들 사이의 좁은 통로를 서 있는 사람이 돌아다니는 동안, 수십 명의 사람들은 조용히 앉아 있다. 갑자기 사이렌 소리가 들린다. 앉아 있는 사람들이 일어나 그들의 소지품들을 챙겨 떠난다. 5분 뒤에 또 다른 수십 명의 사람들이 나타난다. 그들은 방금 전에 자리를 떠난 사람들과 똑같은 체구에 행동과 옷차림도 거의 동일하다. 그들은 동일한 인물인가? 곧 사람들이 자리에 앉고 모든 과정을 똑같이 반복한다. 오전 9시에서 오후 5시까지 동일하다. 월요일에서 금요일까지, 한 달 내내, 1년에 9개월 동안, 대학과 중등학교에서, 고용센터의 교육과정에서, 메소포타미아 연구에 관한 세미나에서, 박물관의 강연에서, 초등학교에서, 핵물리학에 관한 콘퍼런스에서……. 이제 나는 여러분에게 공간에 대한 새로운 상상을 제안한다. 학교 식당과 카페, 바 등을 눈앞에 떠올려 보라. 이곳에는 수많은 사람들이 드나든다. (…) 이곳은 조용하지 않으며, 자연스러운 일상의 소음이 있다. 골치 아픈 소리가 아닌 언제나 끼어들 수 있는 대화들이 이어지는 소리다. 이곳의 가구나 인테리어는 사람들이 편하게 앉아 서로 대화를 나눌 수 있도록 설계되어 있다. (…) 마지막으로 이곳에는 모두가 편하게 쉬면서 즐길 수 있도록 도와주는 음식과 음료 그리고 음악이 있다.

마리아 아카소, 《교육 혁명 일으키기》

'만남의 장소'로 바꾸어야 한다고 제안한다.

2012년에 영국 샐포드 대학에서 시행한 연구에 따르면, 공간 디자인을 바꾸고 나자 학습 효과가 25%나 향상되었다고 한다.

전통적인 교실의 가구들은 불편하고, 딱딱하고, 보기 흉하며, 마치 산업 시설처럼 배치되어 있다. 책상은 모두 동일한 간격으로 서로 떨어져 있고, 모두 동일하게 선생님의 책상이 있는 교실 앞쪽을 향하고 있다. 선생님의 책상은 아이들의 책상보다 더 크고, 때때로 작은 단상 위에 올라가 있다. (…) 가구는 학습을 위해 선택되는 것이 아니라 학교 기관에 문제를 일으키지 않기 위해 선택된다. (…) 그러나 우리는 마치 산업 시설처럼 보이는 교실에 변화를 주어 워크숍이나 실험실 또는 만남의 공간으로서 이곳을 활용할 수 있도록 해야 한다.

마리아 아카소, 《교육 혁명 일으키기》

이 분야의 전문가들에 따르면, 공간 및 공간의 구성 방식은 학습 과정뿐만 아니라 그곳에 모이는 사람들의 관계와 복지를 위해서도 매우 중요하다. 우리는 공간을 조성할 때 빛이나 개방성, 유연성, 이동성 같은 특징을 비롯하여 그곳에 어떠한 가구를 배치할지에 대해서도 신중하게 고려해야 한다.

이카스톨라의 공간 구성은 앞서 언급한 모든 특징과는 별개로 한 가지 전제에서 출발한다. 건축 설계가 교육 방식을 따라 가야지,

교육 방식이 건축 설계를 따라 가서는 안 된다는 것이다. 다시 말해, 기존 공간에 학급과 교실을 어떻게 편성할 것인지 고민할 것이 아니라, 우리의 교육 내용과 활동에 맞춰 어떻게 공간을 구성할 것인지 고민해야 한다는 것이다.

우리는 마리아 아카소가 이야기한 '워크숍이나 실험실 또는 만남의 장소'가 연상시키는 이미지에 맞게, 이카스톨라의 전체 모둠 활동과 협동 모둠 활동 그리고 개별 학습, 이렇게 세 가지 형태의 학습이 보장되어야 한다고 생각했다.

전체 모둠 활동		협동 모둠 활동		개별 학습	
과제	활동	과제	활동	과제	활동
동기부여	기존 지식, 연구 제안, 계획 발표	프로젝트 활동	과제와 역할 분담, 평가	정보 수집	데이터 수집, 데이터 구성
지도, 수정, 학습 과정 공유	과제 수정 및 대조, 구성	모둠 내 활동	개별 작업 집단 작업	포트폴리오	개별 과제 협동 과제
제작물 공유	발표, 전시	제작	창작, 조립	수정	생각, 제안
				아이디어 제안	전시

우리는 아이들에게 교수 학습에 필요한 공간과는 별도로 조용히 쉬며 생각할 수 있는 휴식 공간이 필요하다고 생각했다. 우리는 아이들이 가끔 머릿속을 비우고 조용히 혼자만의 시간을 갖는 것이,

학급 친구들이나 교사의 이야기에 귀 기울이며 그들과 대화하고 관계 맺는 것만큼이나 중요하다고 생각한다. 그래서 우리는 영유아를 대상으로 '이매지나리움imaginarium'이라는 공간을 만들기도 했다. 이와 관련해서는 '다중 지능 개발하기' 부분에서 더 자세히 이야기하겠다.

이제 '시간'에 대해 이야기해 보자. 신뢰의 교육학 관점에서 보면, 아동 및 청소년을 교육할 때 반드시 이들의 생체 주기와 인지 주기 등의 변수를 고려해야 한다.

우리는 아동 및 청소년의 생체 주기를 고려하여 이들의 규칙적인 수면 및 각성 주기를 교수 학습 과정에 반영했다. 이를 위해서는 아이들의 수면 및 각성 시간과 식사 시간이 어떻게 이루어지는지 살펴봐야 한다.

그리고 우리는 아동 및 청소년의 인지 주기를 고려하여 이들의 최소 및 최대 주의 집중 시간을 교육 활동에 반영했다. 프랑수아 테스튀François Testu(2013)에 따르면, 4~9세의 아이들은 오전 시간보다 오후 시간에 주의 집중력이 떨어지는 반면, 10~12세의 아이들은 오전과 오후의 주의 집중력이 동일하다고 한다.

사람의 인지 주기는 저마다 달라서, 때로는 다른 사람보다 지적 활동 주기가 느린 사람이 더 큰 창의성을 보여 주기도 한다. 게다가 모든 사람의 정서적 상태는 지적 활동의 활성화와 비활성화에 직접적인 영향을 미친다. 그러므로 학부모와 교육 전문가들은 개별 아동

및 청소년의 인지 주기와 학습 방식을 관찰하고 이들의 인지 상태와 정서 상태를 파악해야 한다.

이를 위해서는 다양한 연령의 아이들이 함께하는 활동을 제안해 보는 것이 좋다. 아이들이 그들의 인지 주기에 맞게 활동에 참여할 수 있기 때문이다. 아이들의 인지 수준과 상태에 따라 자기보다 나이 어린 아이들의 활동을 편하게 느낄 수도 있고, 자기보다 나이 많은 아이들의 활동에 무리 없이 참여할 수도 있다.

아이들의 주의 집중 시간에는 한계가 있다. 교육자는 학급을 구성할 때 이 점을 반드시 고려해야 한다. 베고냐 이바롤라[Begoña Ibarrola][16]에 따르면, 아동과 청소년의 연령별 최대 주의 집중 시간은 다음과 같다.

연령	최대 주의 집중 시간
3~5세 아동	5~8분
3~11세 아동	8~12분
12~18세 청소년	12~15분
18세 이상	15~18분

주의 집중 능력은 훈련을 통해 충분히 기를 수 있다. 교육자들은 종종 일부 학생들이 지속적으로 집중하는 데 어려움을 겪는다고 말

---

16 • IBARROLA LÓPEZ DE DAVALILLO, Begoña: *Aprendizaje emocionante: Neurociencia para el aula,* Ediciones SM, 2013.

한다. 그렇다면 우리는 그들이 지속적으로 주의 집중할 수 있도록 어떠한 도움과 훈련을 제공하고 있는가?

예를 들면 명상이 그러한 훈련 방법 중 하나다. 명상 훈련의 세계적인 전문가인 존 카밧 진Jon Kabat-Zinn 교수는 명상의 본질에 대해 "의도적으로, 현재의 순간에, 개인적 판단을 하지 않고 주의 집중하는 것"이라고 설명한다. 명상 훈련 프로그램 트레바TREVA의 창시자인 루이스 로페스Luis Loópez는 명상 훈련이 그라놀러스 학교Escola Pia de Granollers School에서 어떻게 활용되었는지 설명하기도 했다. 페르난도 토비아스 모레노Fernando Tobias Moreno의 경우, 자신의 웹사이트에서 이 주제에 관한 광범위한 자료와 참고 문헌을 제공하고 있다.

아동 및 청소년의 인지 주기를 파악할 때는 이들의 주의 집중 시간만큼이나 운동 기능의 활성화 및 비활성화 상태도 고려해야 한다. 신체적으로 매우 활발한 아이가 있는가 하면, 운동 기능이 비활성화 상태가 되어 졸음이 오거나 무기력해지는 아이도 있다. 그러므로 교육자들은 개별 아동 및 청소년의 생체 주기와 인지 주기를 이해하고 존중해야 한다. 간혹 남들보다 활동적인 아이들을 지나치게 걱정하는 경우도 있는데, 이러한 아이들을 위해서는 능동적 교육 방법과 이에 근거한 공간의 재구성이 해결책이 될 수 있다.

신뢰의 교육학에서는 이처럼 아이들이 새로운 공간과 시간에 적응해 가는 과정을 '친숙화'라고 부른다. 그리고 이 과정에는 아이들뿐 아니라 교사와 학급 친구들 그리고 가족들이 동참해야 한다.

학창 시절 내내 아이들은 한 교과과정에서 다음 교과과정으로, 한 건물에서 다른 건물로, 한 학교에서 다른 학교로 계속해서 옮겨 간다. 한 개인의 삶에서 이러한 변화들은 매우 중요하며, 종종 두려움과 긴장감을 유발하기도 한다.

우리의 친숙화 과정에는 시간제한이 없으며, 우리는 아이들의 주기를 존중한다. 교사는 대화와 게임 등을 통해 개별 아동 및 청소년의 정서 상태를 예의 주시하며, 가족과의 상담을 통해 아동에게 필요한 것이 무엇인지 살피고 도움을 제공한다.

친숙화 과정이 적절한 방식으로 진행되고 나면, 아이들은 양육과 발달 영역, 교육 환경 영역, 교수 학습 영역에서 자신감을 얻고 해당 시기를 차분하게 보내게 된다. 반면에 친숙화 과정이 의식적으로 진행되지 않거나 충분한 시간을 두고 이루어지지 않을 경우, 아이들은 두려움과 긴장에 사로잡혀 일상생활에 어려움을 겪을 수도 있다.

예를 들어, 영유아 대상 교육에서 아동이 처음으로 이카스톨라에 입학하게 되는 것은 아이들로서는 매우 큰 변화다. 아이들이 만나는 모든 공간과 사물 그리고 사람들이 낯설고 새로운 존재다. 그리고 이러한 상황에 친숙해지는 속도도 제각기 다르다. 그래서 우리는 아이들에게 그들을 위한 공간이 있다는 것, 그들 각자에게 필요한 만큼 시간을 제공한다는 것, 그들의 가족이 우리와 서로 신뢰하며 협력하고 있다는 것을 알려 주려고 노력한다.

아이들이 영유아 교육에서 초등 교육으로 한 단계 훌쩍 뛰어넘

을 때, 아이들은 대개 새로운 건물, 새로운 환경, 새로운 교실로 옮겨와 새로운 교사와 새로운 학급 친구들을 만나게 된다. 아이들이 하나의 핵심 교육과정에서 다른 교육과정으로 넘어갈 때, 교사와 공간 또한 바뀐다. 그래서 이카스톨라에서는 이러한 친숙화 과정을 점진적으로 시행한다. 아이들의 생체 주기 및 인지 주기를 존중하기 위해 처음에는 가능한 한 오전 수업만 진행하고, 학기 첫 주에 소풍이나 단체 활동 등 특별한 활동 계획을 세우기도 한다. 개별 가정과 긴밀한 관계 맺기를 시작하는 것도 이 시기이다. 그리고 초등학교에 막 입학한 아이들을 위해 6학년 아이들이 1학년 아이들의 도우미로 나서기도 하며, 교사가 이카스톨라의 여러 곳을 안내하기도 한다.

그리고 올해 우리는 초등 교육에서 중등 교육으로 넘어가는 과정에서의 친숙화 방안을 설계하고 있다.

서로 존중하고 배려하는 교실 분위기 조성하기

교수 학습이 제대로 이루어지기 위해서는 교실 안에 화기애애한 분위기가 조성되어야 한다. 그래야 아이들이 학습 동기를 갖고 학업에 집중할 수 있기 때문이다. 이러한 교육 환경이 조성되려면 아이들이 서로를 존중하고 배려하는 태도를 갖추고 있어야 하고, 교육자들도 아이들을 이러한 태도로 대해야 한다. 우리는 이처럼 존중과 배려에 기초한 관계가 아이들의 행복한 학교생활을 위한 기본이라고 생각한다.

어린 시절부터 자신이 신뢰할 수 있는 환경에서 사랑과 이해와

보살핌을 받으며 자랐다고 느낀 아동은 이후 인생에서 마주하게 되는 수많은 도전과 어려움에 당당히 맞설 수 있게 된다.

이러한 이유로 우리의 교육 방식은 피클러 로치Pikler Loczy의 '관계의 질'이라는 관점을 따르고 있다. 우리는 아이에게 참여를 강요하지 않으며 아이의 자발성에 초점을 둔다. 아이의 실수를 받아들이고, 아이를 있는 모습 그대로 소중히 여긴다. 아이의 이야기에 귀 기울이며 공감하고, 아이 한 명 한 명에게 관심을 갖는다. 이처럼 존중과 배려를 바탕으로 한 관계 맺기를 통해 아이의 인격과 성품은 올바르게 성장한다.

피클러 로치에 따르면, 아이들이 어떠한 순간에 얼마나 많은 관심을 받는지에 따라 자기 인식을 비롯하여 타인과 관계 맺는 방식이 달라진다고 한다. 이처럼 누군가에게 관심과 돌봄을 받는 순간이 지니는 교육적 가치는 엄청나다. 이때 진정한 존중과 존경을 배울 수 있기 때문이다.

이것은 마치 춤추는 것처럼 보이기도 한다. 아이에게 눈높이를 맞추고, 아이의 눈을 바라보고, 아이의 이름을 불러 주고, 아이에게 우리가 무엇을 하고 싶어 하는지 말해 주고, 아이의 손을 잡고, 아이의 반응을 기다리고, 아이에게 충분한 시간을 주며, 아이의 관심을 끈다. 이러한 모든 순간은 연출된 안무와도 같다.

우리는 하루 종일, 일 년 내내 계속해서 이러한 방식으로 아이들에게 우리의 활동을 설명하고, 우리에게 무슨 일이 벌어지고 있는지

이야기한다. 이처럼 서로 존중하고 배려하는 교실 분위기를 조성하기 위해서는 다음의 두 가지 전략이 필요하다.

첫 번째 전략은 '건강한 관계 구축'이다. 여기서 말하는 '전략'은 대체로 의사소통을 시작하기 전의 태도를 가리키고, 여기서 말하는 '관계'는 아이와 교사 간의 관계와 아이들 간의 관계에 중점을 둔다. 아이들 간의 관계 형성을 위해서는 학년 초에 여러 행사를 마련하고, 수업이 시작되기 전에 모둠 결속을 도모하는 것이 좋다. 이러한 활동의 목적을 설명하면서 아이들과 함께 고민하고 아이들 간의 관계를 강화하는 것은 여러 모로 유익하다.

한편 교사와 학부모 사이의 관계는 아이들이 관계를 맺는 방식에 중요한 영향을 미친다. 아이들은 자기들끼리 서로 관계를 맺을 때 어른들을 본보기로 삼는다. 교사와 학부모는 어떠한 방식으로 관계를 맺고 있는가? 이러한 관계에서 어떠한 태도가 두드러지는가? 교사와 학부모가 서로 관계를 맺는 방식과 태도는 대체로 교실 분위기와 맞아떨어지며, 이는 결국 효과적인 교수 학습 과정의 성패로 연결된다.

마리아 로사리오 페르난데스 도밍게스는 아이와 교사 간의 관계에서 갖추어야 할 태도에 대해 다음과 같이 말한다.[17]

17 • FERNÁNDEZ DOMÍNGUEZ, Maria Rosario: *"Más allá de la educación emocional: La formación para el crecimiento y desarrollo personal del profesorado. PRH como modelo de referencia"* in REVISTA INTERUNIVERSITARIA DE FORMACIÓN DEL PROFESORADO, 54 (2005), 195-254. or.

▷ 이러한 태도들 가운데 가장 중요한 것은 관계의 진실성이다. 교사가 보여 주는 애정, 교사가 말하는 것, 교사가 아이에게 갖는 믿음을 통해 아이는 교사의 진정성을 파악하기 때문이다.

▷ 제대로 듣는 법을 알아야 아이의 말과 행동의 이면과 진실을 볼 수 있다. 그들이 짜증나게 하거나 무례하게 행동하더라도 그들의 성격과 한계 그리고 잠재력을 발견하려 노력하며 그들의 참모습을 알아봐야 한다.

▷ 일대일 관계를 만들어라. 이러한 관계를 통해 아이는 편안함을 느끼고, 자신을 중요한 존재라고 믿으며, 개인적 성장의 기반이 되는 자존감과 정서적 유대감이 형성된다.

▷ 애정과 다정함을 표현하라. 아이가 있는 모습 그대로 인정받고 성취감을 느끼는 것이 중요하며, 어른들이 바라는 모습이 아니라 아이 본연의 모습 그대로 성장하는 것이 중요하다고 알려 주어야 한다.

▷ 아이를 덜 자란 어른이 아닌 한 개인으로 대하고 존중해야 한다.

▷ 아이의 잠재력과 가능성을 믿어라. 그래야 아이가 자기 자신을 발견하고, 소중히 여기며, 계속 앞으로 나아갈 수 있기 때문이다. 단, 부정적인 예측과 기대는 피해야 한다.

▷ 진심으로, 그리고 무조건적으로 칭찬하는 법을 알아야 한다. 그래야 아이의 자신감을 높일 수 있다. 심리학적 관점에서 보면, 부정적인 면보다 긍정적인 면을, 아동의 실수보다는 그들이 바로 잡은 점에 주목하는 것이 더 효과적이고 건강하다. 이것이 자기 개발 능력을 강화시킨다.

▷ 인내심을 가져라. 실수와 약점 그리고 오류를 수용하라. 능숙하게 가르치고 설명하라.

▸ 판단하거나 비판하지 말고 꼬리표를 붙이지 말라. 교사는 자신의 진짜 감정을 드러내야 하지만, 아이에 대해 섣부른 판단을 하지 않도록 조심해야 한다. 감시받고 있다는 기분이 들면 아이는 성장하기 어렵다.

▸ 아이가 스스로 결정하도록 돕고 강요하지 말라. 교사는 아이가 자신이 갖고 있는 것을 바탕으로 자기 나이에 맞는 결정을 내리도록 도와야 한다.

▸ 아이가 가진 문제보다 아이 그 자체에 집중하라. 아이가 어려움을 겪고 있다면, 행동을 개선한다는 명목으로 공개 처벌이나 모욕 또는 비꼬는 행위를 하지 말고, 실제로 문제가 벌어지고 있는 상황과 아이 자체를 파악하도록 노력해야 한다.

▸ 아이의 행동 그 자체보다 행동의 원인에 집중하라. 아동 및 청소년의 부정적인 행동은 내면의 상처를 숨기며, 이러한 행동의 원인은 대개 중요한 사람과의 관계에서 찾을 수 있다. 문제의 원인을 파악하지 않고 단순히 아이를 탓하거나 꾸짖어서는 안 된다. 그러면 아이가 절대로 성장할 수 없다.

▸ 삶에 대한 긍정적인 태도를 보이고, 일에 대한 관심과 열정을 보여라. 아이는 이러한 모습을 지켜보며 앞으로의 학교생활에 자극과 동기부여를 받게 된다.

▸ 아동 및 청소년의 성장을 돕기 위해 이들의 욕구를 만족시키고 안전하며 자연 친화적인 교육 환경을 마련해야 한다.

마리아 로사리오 페르난데스 도밍게스

이처럼 건강한 관계 구축을 위해서는 교사가 아이들보다 먼저 교실에 도착해 분위기를 잡은 후 아이들이 들어올 때 한 명 한 명 반갑게 맞이하고, 아이들의 상태를 주의 깊게 관찰하며, 오후에는 특별히 시간을 정해 하루를 정리하고 헤어지는 것이 좋다. 현재 이카스톨라에서는 학년이 올라갈수록 수업 시간표가 학급별이 아니라 과목별로 나뉘기 때문에 담임교사가 교실에 없는 경우도 많다. 이것은 학생과 교사의 관계라는 관점에서뿐만 아니라 교육학적 방법론의 관점에서도 재고해 봐야 하는 문제라고 생각한다.

유럽에서는 아이들의 학습 동기와 그들의 자존감, 학교와의 관계 그리고 학교 성적 등을 향상시킬 목적으로 '골든 파이브^{Golden 5}'라는 프로젝트를 시작했다. 마리아 로사리오 페르난데스가 위에 언급한 내용을 우선적으로 활용한 이 프로젝트에는 학급 내 상호작용 및 관계 향상을 돕는 여러 가지 도구와 전략이 담겨 있다. 자세한 내용은 인터넷에서 찾아볼 수 있다.

서로 존중하고 배려하는 교실 분위기를 조성하기 위한 두 번째 전략은 '비폭력적 의사소통'이다. 이것은 생각과 감정을 전달하는 다양한 방식에 대한 이야기이다. 인간은 누구나 언제든 상대와의 불일치, 화, 분노 등의 감정을 느낄 수 있다. 이러한 감정은 모두 정상적이며, 이러한 감정을 각자 제대로 수용해야 정신적으로도 건강하다. 그리고 이러한 감정을 전달하는 올바른 방식을 찾는 것도 그만큼이나 중요하다.

1960년대 미국의 임상심리학자인 마셜 로젠버그^{Marshall Rosenberg}는 우리의 의사소통을 향상시키는 흥미로운 본보기로 '비폭력 대화'를 제안했다. 비폭력 대화는 상호 존중과 이해를 추구하는 새로운 사고방식이자 의사소통 방식이다. 로젠버그는 사람들이 비폭력 대화를 통해 진실하고 성실하며 서로 공감하는 관계를 구축할 수 있기를 바랐다.

만약 내가 직장 동료와 함께 우리에게 걱정거리가 되는 문제를 놓고 이야기하거나, 교실에서 벌어진 충돌에 대해 학생과 이야기해야 하거나, 혹은 결정이 필요한 사안에 대해 교장에게 나의 의견을 표명하고 싶다고 가정해 보자. 이러한 상황에서 우리에게 최선의 의사소통 전략은 무엇인지 돌아보게 하는 몇 가지 질문이 있다.

- 나는 정말로 나의 생각과 의견 그리고 결정 과정을 다른 사람과 논의하거나 합의하기를 원하는가? 아니면 나의 목표는 단지 나의 생각과 의견 그리고 결정 사항을 설명하는 것인가?
- 이 대화에서 나는 연결을 원하는가 아니면 단절을 원하는가?

이것은 아주 중요한 질문이다. 그로 인해 다른 사람과의 의사소통 방식 자체가 바뀔 수 있기 때문이다.

로젠버그는 비폭력적 방법으로 자기 자신을 표현하기 위한 훈련 방법으로 다음의 네 가지 질문을 제안한다.

나는 무엇을 보는가?	비폭력 대화는 우리가 말하고자 하는 바를 중립적인 방식으로 표현하는 것을 출발점으로 삼고 있다. 그래서 비폭력 대화를 할 때에는 상황을 판단하여 의견이나 해석을 추가하지 않고 객관적으로 상황을 설명한다.
나는 무엇을 느끼는가?	비폭력 대화를 위해서는 긍정적 감정과 부정적 감정을 구별하는 법을 알아야 한다. 그러한 감정들이 우리의 욕구에 대한 정보를 제공하기 때문이다.
나는 무엇을 필요로 하는가?	충족되지 않은 욕구는 늘 우리의 생각과 말, 행동 이면에 그대로 남아 있다. 비폭력 대화를 위해서는 그러한 욕구들이 무엇인지 알고, 다른 사람에게 그 욕구들에 대해 표현해야 한다.
나는 무엇을 요청하는가?	비폭력 대화를 위해서는 요청하는 법을 알아야 한다. 현재 상황에서 내가 필요로 하는 것에 대한 해결책을 구체적으로 제안하는 법을 알아야 한다.

네레아 멘디사발^{Nerea Mendizabal}은 비폭력적 의사소통과 관련하여 스페인 바스크 지방에서 콘퍼런스와 워크숍을 열고, 학부모 학교에 참여하며 관련 자료를 작성하는 등 이 분야에서 매우 활발한 활동을 펼치고 있다.

모둠을 성공적으로 관리하기

모둠을 성공적으로 관리하는 것은 아이들의 학습과 자신감에 큰 영향을 미친다. 따라서 아이들에게 안전하고 신뢰할 만한 교육 환경을 제공하기 위해서는 모둠 활동의 구성 방식과 내용에 관심을 기울

여야 한다. 모둠을 구성할 때에는 아이들의 '행동 유형'과 '지능 유형', '언어능력', '젠더와 성적 다양성', '다양한 연령 간의 의사소통' 등 다섯 가지 요소를 모두 고려해야 한다.

첫 번째는 '행동 유형'이다. 위베르 몽타네^{Hubert Montagner}는 동물행동학의 관점에서 아이의 애착 및 공격 본능에 관한 연구를 수행했다. 그는 아이들의 행동을 주의 깊게 관찰한 후 1984년에 이들의 행동 유형을 정리했다. 이것은 우리에게 아이들 간의 상호작용과 집단 내 역할을 이해하는 데 유용한 정보를 제공한다. 연구 결과에 따르면, 아이들의 행동 유형은 아주 어린 시절에 만들어져 대부분 평생 유지된다.

첫째는 '지배 유형'이다. 지배 유형의 경우, '지배하는 자'와 '지배당하는 자'로 구분되며, 그 안에 다시 평화 유형과 공격 유형이 공존하는 것으로 나타났다. 이 부분에 대해 좀 더 자세히 알고 싶다면, 라파엘 크리스토발의 《신뢰의 교육학을 위한 심리학적 기초 *Psychological foundations for a Pedagogy of Trust*》를 읽어 보기를 권한다. 둘째는 '결속 유형'이다. 이것은 아이들이 또래 친구들과 어떻게 교류하는지를 보여 준다. 결속 유형에는 결속을 다지는 행동과 결속을 깨는 행동이 있다. 결속을 다지는 행동에는 '다른 사람의 관심 끌기, 미소 짓기, 다른 사람의 참여나 동참 구하기, 제공하기, 포옹하기, 입 맞추기, 고개를 한쪽으로 돌리기' 등이 있으며, 결속을 깨는 행동에는 '위협하기, 공격하기, 물건 빼앗기, 따돌리기' 등이 있다.

몽타네는 '지배 유형'과 '결속 유형'에서 파생된 아이들의 다양한 행동 유형을 다음과 같이 분류했다.

지배적 결속 평화	이 유형의 아이들은 결속을 깨는 행동보다 결속을 다지는 행동을 더 많이 하며, 매력적이어서 결과적으로 모방의 대상이 된다. 또 지속적이고 복잡한 활동을 주도하며, 다른 집단 구성원들을 보살핀다. 행동에 있어서 그들은 크게 오락가락하는 모습을 보이지 않고, 경쟁에 참여하여 대개 성공한다.
지배적 공격	이 유형의 아이들은 이유 없이 즉흥적인 공격 성향을 갖고 있다. 공격 상황은 대개 빈번하게 반복적으로 벌어지며 강도가 세다. 반면 결속을 다지는 행동은 대개 오래 지속되지 않으며, 위협 행동이 순식간에 공격 행동으로 이어지기도 한다. 가끔씩 자기 자신을 상처 입힐 뿐만 아니라 고립시키며, 불안을 초래하거나 눈물을 자아내기도 한다. 그리고 다른 아이들의 활동을 방해하고 거부하는 성향이 있다.
피지배 결속 평화	이 유형의 아이들은 지배적 결속 유형과 유사한 것처럼 보이지만, 덜 참여하고 덜 성공하는 경향이 있다. 일반적으로 행동은 평화로우며, 지배적 결속 유형과 평화 유형에게 인기가 많다. 자주 위협을 하는 편은 아니지만, 공격과 맞닥뜨리면, 상처를 입히는 대신 위협을 한다. 이 유형의 아이들은 모둠의 균형을 위해 매우 중요하다.
피지배 공격	이 유형의 아이들은 평화로운 행동을 거의 하지 않는다. 대신 자기 자신을 스스로 공격하고 고립시키는 경향이 있다. 스트레스가 높은 삶을 살기 때문에, 경쟁적인 상황이 발생하면 이를 회피한다. 지배적 공격 유형과 유사하게 행동하지만 경쟁을 하지 않는다.
방관	일부 아이들은 참여 요청을 받았을 때 두려움을 나타내고 뒤로 물러서거나 도피한다. 이 유형의 아이들은 혼자 있는 경향이 있다. 지배적 결속 유형이나 평화 유형은 대개 이들을 자기 집단에 통합시키려고 애쓴다.

라파엘 크리스토발[18]은 아이들을 모둠별로 나눌 때 다음과 같은 요인을 고려해야 한다고 이야기한다.

- 지배적 결속 유형은 지배적 공격 유형을 누그러뜨리는 역할을 한다.
- 결속 유형이나 평화 유형이 집단의 분위기를 주도하도록 하는 것이 좋다. 그들이 집단의 분위기와 효율성에 긍정적인 영향을 미치기 때문이다.
- 이러한 분위기에서 지배적 공격 유형들은 지배적 결속 유형이나 평화 유형이 주시하고 있으면 그들의 행동을 바꾸기도 한다.
- 모둠의 대표는 구성원들에게 과제 및 활동의 책임을 분배하는 역할을 할 수 있다.

두 번째는 '지능 유형'이다. 아이들을 모둠별로 나눌 때, 활동의 목적에 따라 아이들의 지능 유형을 고려하는 것이 유용할 수 있다. 뒤에 이어지는 '교수 학습 영역'에서 다양한 지능 유형과 그 특징에 대해 자세히 다룰 것이다.

세 번째는 '언어능력'이다. 이 책의 도입부에서 언급했듯이, 이카스톨라의 교육목표는 유능하고 협동할 줄 아는 바스크인을 양성하

---

18 • CRISTÓBAL, Rafael: *Fundamentos psicológicos para una Pedagogía de la Confi anza-Konfi dantza Pedagogiarentzako oinarri psikologikoak*, R. Cristóbal, 2015.

는 것이다. 우리는 아이들이 바스크 지역에서 바스크어로 원활하게 의사소통하며 살아가기를 바란다. 이러한 의미에서 아이들의 언어 능력은 모둠을 구성할 때 고려해야 할 중요한 요인 중 하나라고 할 수 있다. 교사는 특별히 언어능력이 뛰어난 아이를 파악할 필요가 있다. 이들은 명확한 학습 동기를 갖고 있으며 바스크어를 자연스럽고 유창하게 말할 수 있다. 이러한 언어능력을 가진 아이가 다른 아이들에게 영향을 미칠 경우, 교사가 없을 때에도 모둠 내에서 바스크어 사용이 활발하게 이루어질 수 있다. 그러므로 특히 중등 교육에서는 이처럼 언어능력이 뛰어난 아이들을 위한 모임을 만들어 보라고 권하고 싶다. 그러한 모임을 통해 아이들은 지지와 응원을 받고 있다고 느끼며, 강력한 동기부여가 생길 수 있기 때문이다. 아리스멘디 이카스톨라에서는 바사라 바초르덱Bazara Batzordeak에게 이러한 모임을 운영하는 역할을 수행하도록 했다. 다른 이카스톨라에서는 바스크 위원회가 그 역할을 수행한다.

네 번째는 '젠더와 성적 다양성'이다. 이카스톨라의 아이들은 다양한 언어 및 문화적 자산을 갖고 있으며, 다양한 지능을 갖고 있다. 훌륭한 음악 지능을 가진 아이가 있는가 하면 신체 활동에 능숙한 아이도 있고, 언어적 창의성에 재능을 가진 아이도 있다. 젠더와 성적 다양성도 마찬가지다. 따라서 이카스톨라에서는 아동 및 청소년들에게 이러한 다양성을 인식하고 존중하며 보호할 수 있도록 가르친다. 몇 가지 핵심 지침을 소개하면 다음과 같다.

- 사람은 각기 모두 다양하다. 아무것도 추정하지 말고 생각과 마음을 열어 놓자.
- 신뢰할 만한 분위기를 조성하자. 신뢰할 만한 분위기를 제공해야 아이가 자신의 성적 정체성에 대해 터놓고 이야기할 수 있다.
- 젠더 규칙을 좀 더 유연하게 만드는 활동과 자료를 제공하고, 아이들의 상상력을 자극하자.
- 모델을 제공하자. 교사, 학교 직원, 가족 구성원, 학급 친구들처럼 가까운 사람들 또는 책이나 방송에서 볼 수 있는 사람들을 모델로 삼아 아이들이 자신의 정체성을 확인할 수 있도록 참조 기준을 제공하자.
- 젠더와 성적 다양성에 맞서는 차별적 언어를 근절하기 위해 개입하자. 교실에서 타인의 성적 지향을 비하하는 모욕적인 말이 들리면 곧바로 이러한 말을 언어 습관에서 없앨 수 있도록 교육하자.
- 젠더와 성적 다양성과 관련하여 공격적인 상황이 발생했을 때는 이러한 상황을 멈추고 모든 아이들을 위한 학습 기회로 삼자.
- 우리는 젠더와 성적 다양성이 모둠을 구성할 때 고려해야 하는 또 다른 요소라고 믿고 있다. 평소에 이루어지는 협동 학습을 위한 모둠보다는 학기 초에 이루어지는 친교를 위한 모둠 활동을 진행할 때 더욱 그러하다.

다섯 번째는 '다양한 연령 간의 의사소통'이다. 다양한 연령의 아

이들이 함께 배우면 학습 내용이 풍성해질 뿐만 아니라 다양한 부수적 효과를 거둘 수 있다. 예를 들어 다양한 연령의 아이들이 모일 경우 서로 돌봄 및 보호 본능에 반응하기도 한다. 특히 나이 차이가 크게 나는 경우, 나이가 많은 아이들이 어린아이들을 가르치고 돌봐주려는 욕구를 종종 느끼게 된다. 반면 어린아이들은 나이 많은 아이들을 자신들이 참고해야 할 본보기로 생각하며 학습 과정에서 도움을 받기도 한다. 또 다양한 연령의 아이들이 함께 섞여 있으면, 같은 연령의 동급생과 보조를 맞추는 데 어려움을 겪는 학생들이 각자의 인지 속도에 맞게 학업 향상을 꾀할 수 있다. 어떤 역량이나 지능이 다른 동급생들에 비해 더 발달한 학생들의 경우에도 동일한 효과를 거둘 수 있다.

행동 유형, 지능 유형, 언어능력, 젠더와 성적 다양성, 다양한 연령 간의 의사소통 등 모둠 활동을 성공적으로 관리하기 위한 다섯 가지 요소는 매 순간의 활동과 상황에 따라 다르게 적용되어야 한다. 달리 말하자면, 우리는 다른 네 개의 요소를 압도하는 단 하나의 요소가 있다고 생각하지 않는다. 예컨대 스페인어 사용이 지배적인 사회 언어적 상황에서는 바스크어 사용 능력이라는 요소가 우선적인 고려 사항이 될 수 있고, 공격적 태도가 빈번한 집단에서는 행동 유형이라는 요소가 우선 고려 대상이 될 수 있기 때문이다.

교수 학습 영역

'교수 학습 영역'에서 아이들의 학습 과정이 즐겁고, 유의미하고, 성공적으로 이루어지기 위해 이카스톨라가 보장해야 하는 조건은 다음과 같다.

- 학습 동기 활성화하기
- 능동적인 학습 환경 조성하기
- 형성 평가 실시하기
- 다중 지능 개발하기

본격적인 내용에 들어가기에 앞서, 통합의 교육학^{Pedagogy of Integration} 과 EKI 수업 교재 및 자료 그리고 신뢰의 교육학 간의 관계에 대해 언급하고자 한다.

이카스톨라 연합회는 EKI 프로젝트를 통해 이카스톨라의 전체 교과과정을 위한 통합 교재와 디지털 수업 자료를 만들었다. 이것은 자비에 뢰지에^{Xavier Roegiers}[19]의 '통합의 교육학'에 기초하고 있으며, 이 카스톨라에서 다루어지는 다양한 학습 내용이 통합되어 있다. 이 수

---

19 • ROEGIERS, Xavier: *Una pedagogía de la integraciín: Competencias e integración de los conocimientos en la enseñanza,* Fondo de Cultura Ecónomica, 2010.

업 교재 및 자료는 아이들의 역량 강화에 초점을 맞추고 있으며, 아이들이 실제 상황을 활용하여 학습하고, 학교에서 배운 내용을 실제 생활에 적용해 볼 수 있도록 하는 것을 목표로 하고 있다. 자세한 내용은 다음과 같다.

- 학생은 학습 과정에서 복잡하고 유의미한 상황에 직면한다.
- 학생은 새로운 상황에 활용될 지식을 연구하고 이해한다.
- 학생은 특정한 문제에 대한 해결책을 찾기 위해 자신이 배운 내용을 통합하거나 변형하며, 이를 통해 새로운 상황에 대처하는 법을 배운다.
- 학생 스스로 자신의 학습 과정을 주도하고 조정한다.
- 교사는 학생에게 동기부여를 일으키고 학습 방향을 안내한다.

아리스멘디 이카스톨라는 중등 교육과정에서 EKI 수업 교재 및 자료를 선택했는데, 그 이유는 이들 교재의 교육적 접근법이 신뢰의 교육학에서 정의하는 교수 학습 영역의 목표와 일치했기 때문이다. 바로 아이들이 스스로 자신의 능력을 최대한 개발할 수 있도록 지원하는 것이다. 이처럼 통합의 교육학은 신뢰의 교육학 체계 안에 자리 잡게 되었다.

학습 동기 활성화하기

교수 학습 과정은 일반적으로 학습 목표, 학습 주제, 학습 내용, 학습 방법, 학습 자료, 평가 기준 등으로 구성되어 있다. 아이들을 이러한 교수 학습 과정의 능동적인 주체로 참여시키려면 이들의 학습 동기를 활성화하는 것이 무엇보다 중요하다.

아이의 학습 동기를 활성화하려면 먼저 아이가 무엇에 관심을 갖고 있는지 파악하고, 아이의 일상생활과 연관되어 있으며 일상생활에 적용 가능한 학습 주제와 프로젝트를 선정해야 한다. 그리고 관련 연구에 따르면, 친밀함이나 공감 능력 같은 교사의 사회 정서적 능력이 아이들의 동기부여에 큰 영향을 미친다고 한다.

신경 과학 분야의 세계적 전문가인 프란시스코 모라는 교수자와 학습자에게 가장 유의미한 요소는 '감정'이라고 이야기한다. 그의 저서 《신경 과학 *Neuroeducación*》에 따르면, 특히 '자기 일과 삶에 대한 교사의 흥미나 열정'은 아이의 학습 동기를 활성화하는 중요한 요소 중 하나라고 한다.

능동적인 학습 환경 조성하기

일반적으로 사람들은 혼자 공부할 때보다 다른 사람에게 설명하거나 가르칠 때 더 많이 배우게 된다고 한다. 그리고 사람들의 의식은 자신이 읽은 내용의 일부만을 기억한다고 한다. 정신과 의사 윌리엄 글래서 William Glasser 는 선택 이론 Choice Theory 을 교육 분야에 적용시

켜 사람들이 어떻게 학습하는지에 대해 다음과 같이 정리했다.

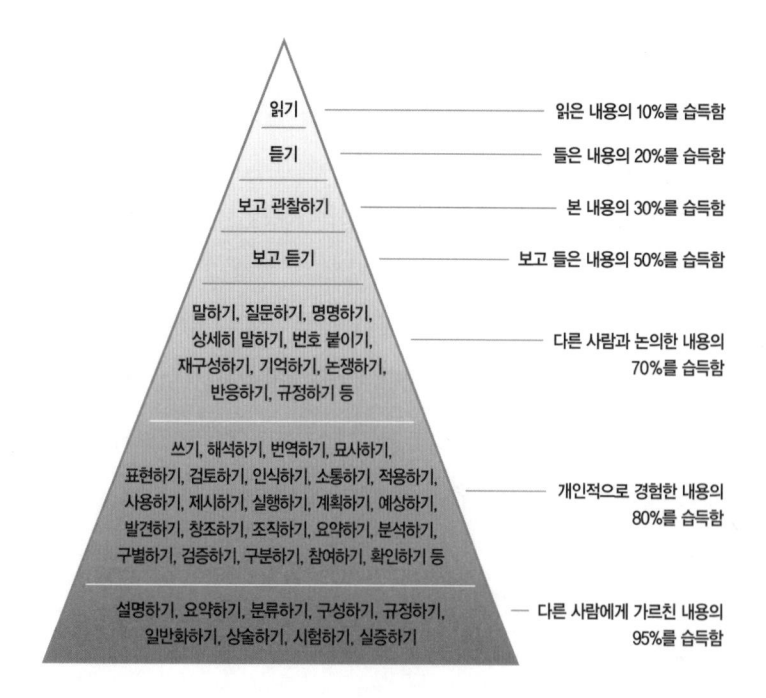

그러므로 성공적인 교수 학습 과정이 이루어지려면 아이들이 교사의 수업을 수동적인 자세로 보고 듣는 것에 머물지 않고, 능동적인 자세로 경험하고 표현하며 논의해야 한다.

신뢰의 교육학에서 말하는 '능동적 학습'이란 무엇을 의미할까? 교사는 '가르치는 행위'보다 '배우는 행위'에 중점을 두며, 아이는 이러한 학습 과정의 중심에 있어야 한다. 그리고 능동적 학습은 학습

과정에서 다음과 같은 능력이 활성화되는 것을 의미한다.

첫째, 능동적 학습이란 '사고력'이 활성화되는 것을 의미한다. 우리는 아이가 교수 학습 과정에 능동적으로 참여할 수 있도록 도와야 한다. 그리고 이때 가장 먼저 해야 할 일은 아이의 사고력을 활성화시키는 것이다. 사고란 구체적인 목적을 가지고 의식을 조직하는 행위다. 아이들은 어떠한 정보를 완전히 이해하고 실제 상황에 적용할 수 있을 때 이것을 지식으로 전환시킬 수 있다. 이때 교육자는 아이들이 스스로 사고하고, 결정을 내리고, 문제에 대처하며, 개념화하는 법을 배울 수 있도록 도와야 한다. 창의-비판적 사고 이론 및 적용의 전문가인 로버트 슈워츠는 아이들의 사고력 발달을 위해 다음과 같은 기술[20]을 습득해야 한다고 이야기한다.

- 문제 해결을 위한 최적의 행동을 선택하는 기술
- 각 문제에 대한 최고의 해결 방법을 찾는 기술
- 개념화하여 깊이 이해하는 기술

현재 사고력 발달을 위해 다양한 수업 과정이 개설되어 있다. 아동뿐만 아니라 성인 대상의 사고력 향상 방법이 인터넷에 소개되어 있으며, 슈워츠의 책에도 관련 사례들이 자세히 소개되어 있다.

---

20 • VARIOUS AUTHORS: *El aprendizaje basado en el pensamiento*, Ediciones SM, 2015.

2008년 '프로젝트 제로'는 일상생활에 대해 질문하거나 진술하는 방식을 인지 전략으로 선택하여 사고력을 발달시키는 가시적 사고 Visible Thinking라는 교육 방법을 개발하기도 했다.

둘째, 능동적 학습이란 '소통 능력'이 활성화되는 것을 의미한다. 신뢰의 교육학 체계 안에는 다음과 같이 세 가지 형태의 소통이 존재한다.

- 정보 전달을 위한 소통: 교수 학습 과정에서 가장 일반적으로 이루어지는 소통 기능이다. 교사는 일방적으로 정보를 전달하지 말고, 학생들의 말에 귀 기울이며 이들에게 말할 기회를 주어야 한다. 그리고 학생들의 사고력 향상을 위해서는 좋은 답변보다 좋은 질문이 필요하다.

- 상호작용을 위한 소통: 교실 안에 있는 모든 사람들이 상호작용하며 즐겁고 안정된 학습 분위기를 만들기 위한 소통 기능이다. 소통을 통해 서로 이해하고 합의를 도출하기 위해서는 충분한 시간과 여유가 필요하다.

- 신뢰와 돌봄을 위한 소통: 서로를 알아가고 이해하며 받아들이는 행위는 교수 학습 과정의 성공을 위한 필수 조건이다. 여기에 대해서는 '교육 환경 영역'의 '서로 존중하고 배려하는 교실 분위기 조성하기'(98쪽)에서 자세히 소개한 바 있다.

셋째, 능동적 학습이란 '경험적이고 실천적인 교육적 접근 방법'이 활성화되는 것을 의미한다. 관찰하기, 조사하기, 가설 세우기, 제안하기, 다양하게 시도하기, 논쟁하기, 새로운 아이디어 수용하기 등은 아이들이 실제적인 학습 과정에서 갖추어야 할 높은 수준의 사고 기술이다. 신뢰의 교육학 관점에서 볼 때, 이러한 학습 수준에 도달하기 위해서는 경험적이고 실천적인 접근 방법이 매우 중요하다. 경험과 감각 그리고 활동을 통해 얻어지는 지식은 기억에 더 오래 남는다. 또 이러한 접근 방법은 아이들에게 추상적 개념을 더욱 쉽게 이해할 수 있게 도와준다. 신뢰의 교육학에 기초한 경험적이고 실천적인 교육적 접근 방법은 다음과 같다.

- 다양한 학습 방식 제공하기: 모든 학생은 동일한 지식과 능력을 개발할 수 있지만, 학습 속도와 학습 과정은 제각기 다르다. 그러므로 학습의 주제와 내용은 다양한 방식과 관점으로 제시되어야 한다. 모든 학생에게 하나의 전략만을 사용한다면, 학생들이 창의력을 발휘하지 못해 지루해하거나 좌절감을 느낄 수 있다. 우리는 모든 학생이 목표를 달성할 수 있도록 최대한 다양한 학습 방식을 제공해 주어야 한다.
- 실제 상황과 경험을 통해 추상적 개념에 접근하기: 학생들에게 추상적 개념을 너무 일찍 접하게 하면 학습이 실패로 이어질 수 있다. 교실 활동의 대부분은 교재와 부교재를 통해 이루어진다. 그러나 신뢰의 교육학 관점에서는 모든 실제적이고 구체적인 자료와

상황을 교육 내용으로 생각하며, 추상적 개념을 다루기 전에 학생의 모든 감각을 활성화한다. 이러한 방식을 통해 대부분의 학생들이 구체적인 내용에서 추상적인 개념으로 나아갈 수 있게 된다.

- 목적의식을 갖고 학습하도록 돕기: 생각보다 많은 학생들이 뚜렷한 목적의식 없이 자신에게 주어진 일을 기계적으로 하거나 지시한 대로 따르기만 한다. 이러한 학생들에게는 학습 과정을 자세히 설명하고 이것이 결국 무엇을 의미하는지 깨닫게 해야 한다. 그래야 학생들이 논리적이고 비판적인 인식을 가지고 더욱 깊이 있는 학습을 해 나갈 수 있다.

- 조사하고 연구하기: 무언가에 호기심을 갖고 탐구하려는 것은 인간의 타고난 욕구이자 본능이므로 우리는 학생들에게 흥미로운 주제를 제공하고, 이에 대해 깊이 있게 조사할 수 있도록 해야 한다. 신뢰의 교육학 관점에서 보면, 다양한 학문을 통합해서 학습하는 것은 개별 학문을 분리해 학습하는 것보다 더 흥미롭고 실제적이다.

- 개념과 지식을 구조화하기: 우리는 학생들이 자신의 생각을 정리하고 분석하며 통합하여 명확히 표현하기를 원한다. 마인드맵은 이러한 인지 과정을 드러내는 유용한 학습 도구이다. 우리는 이와 더불어 학생들의 언어적 표현 능력을 향상시키려 노력하고 있다.

- 점진적이고 단계적으로 학습 진행하기: 모든 학생이 동시에 동일한 학습 과정을 따르는 것은 불가능하다. 이때 교사가 학습 과정을 점진적으로 제시하고 안내하면, 학생들은 자신감을 얻고 학습 동

기를 활성화하여 좀 더 쉽게 다음 단계로 나아갈 수 있다.

- 정확성이 필요한 활동과 추측이 필요한 활동 구분하기: 학습 과정에는 정확성이 필요한 활동이 있고, 단지 추측하는 것만으로 충분한 활동이 있다. 그리고 실제 학습 과정에서는 이러한 판단이 매우 신속하게 이루어져야 하는 경우가 많다. 학생들은 정확성이 필요한 활동과 추측이 필요한 활동을 모두 수행하면서 이러한 활동의 목표와 쓰임새를 구분할 수 있어야 한다.

- 상황에 맞게 다양한 접근 방법 시도하기: 학습 과정에는 단순하고 직접적인 접근 방식으로 분석할 수 있는 상황이 있고, 역발상을 통한 다각적인 접근 방식으로 분석해야 하는 상황이 있다. 보통 단순하고 직접적인 접근 방식이 학생들에게 좀 더 수월할 수 있지만, 역발상을 통한 다각적인 접근 방식을 시도해 보면서 상황에 맞게 다양한 관점을 적용하는 법을 가르쳐야 한다.

- 규칙화하고 모형화하기: 학습 내용을 규칙화하고 모형화함으로써 학생들은 자신의 지식과 능력을 다양한 상황에 적용하는 법을 배울 수 있다. 이것은 매우 중요한 삶의 기술이다.

- 모든 교육 활동을 즐겁게 진행하기: 우리는 이러한 교육 활동이 언제나 즐겁게 진행되어야 한다고 강조한다. 신경 과학 연구가 보여 준 바와 같이, 우리의 뇌는 인상적이고 흥미로운 것에 더 관심을 보이기 때문이다. 관심이 생기면 이해할 준비를 하게 되고, 이해한 내용을 더 오랫동안 기억하게 된다.

넷째, 능동적 학습이란 '협력'이 활성화되는 것을 의미한다. 신뢰의 교육학 관점에서 우리는 아이들이 협력적이고 협동적인 방식으로 교수 학습 과정을 경험하길 바란다. 우리의 경험을 비롯하여 다양한 연구들에 의하면, 아이들은 협력하고 협동할 때 더 많은 내용을 배우고 더 효율적으로 배운다. 진정한 협력과 협동이 이루어질 때, 집단은 개인이 성취하는 것보다 더 많은 것을 성취할 수 있다. 데이비드 존슨David W. Johnson, 로저 존슨Roger T. Johnson, 에디스 홀루벡Edythe Holubec[21]의 주장에 따르면, 협동 학습은 다음의 다섯 가지 원칙을 기반으로 한다.

- 긍정적 상호의존: 긍정적 상호의존이란 모둠의 구성원들이 공동의 과제를 완수하기 위해 서로가 필요함을 인식하는 것이다. 긍정적 상호의존이 존재할 때, 모둠의 구성원들은 유대감을 느낀다. 모둠 전체의 성공을 위해서는 긍정적 상호의존을 바탕으로 모둠의 구성원들이 각자의 목표를 달성하는 것이 중요하다. 즉, 개별 구성원은 다른 구성원들이 목표를 달성할 수 있도록 협력하고, 이를 통해 자신의 목표도 달성해 나가는 것이다.
- 상호작용: 모둠의 구성원들은 협동 학습 과정에서 서로 소통하며

---

21 • JOHNSON, David W. – JOHNSON, Rogèr T. and HOLUBEC, Edythe: *El aprendizaje cooperativo en el aula, Paidós*, 1999.

지식과 자원 그리고 관점을 공유해야 한다.

- 책임감: 모둠의 구성원들은 자신에게 주어진 목표를 달성하고 최종 결과를 받아들여야 할 책임이 있다. 이때 개별 구성원들의 책임감이란 모둠 전체를 위해 설정된 목표를 의식하는 것을 뜻한다. 모둠 전체가 개별 구성원들의 능력을 신뢰하면 개별 구성원들의 동기부여가 활성화된다.
- 사회적 기술: 모둠 구성원들 간에 긍정적인 관계를 형성하고 효율적인 학습을 진행하기 위해서는 구성원들 간에 발생하는 갈등이나 분쟁을 다루는 사회적 기술이 필요하다. 이것은 모둠 활동을 통해서만 배울 수 있는 기술이며, 모둠 활동이 제대로 실행되지 않거나 평가되지 않으면 개발하기 어려운 기술이다.
- 자기평가: 효과적인 협동 학습을 위해서는 모둠 구성원들에게 학습 과정을 평가할 수 있는 기회는 물론, 이러한 평가를 수행할 수 있는 구체적인 방법을 알려 주어야 한다.

협동 학습의 궁극적인 목적은 모든 아이들이 서로를 통해 배우고 상호작용을 하는 것이다. 아이들은 협동을 통해 특정 교과 및 주제와 관련된 역량을 배우는 것은 물론, 자존감과 자신감을 바탕으로 다른 사람과 공존하는 법을 배울 수 있게 된다.

많은 교육 전문가들이 협동 학습의 운영 방법과 기술, 역동성 등을 개선하려 노력하고 있다. 특히 빅토리아 대학의 푸홀라스[P. Pujolàs]

교수와 라고[J. R. Lago] 교수의 저서 《학습을 위한 협동, 협동을 위한 학습 프로그램[El programa Cooperar para Aprender/Aprender a Cooperar para enseñar a aprender en equipo]》에는 이와 관련된 다양한 사례가 제시되어 유용하다.

지금까지 능동적 학습을 위해 활성화해야 하는 네 가지 능력에 대해 이야기했다. 이어서 블룸의 분류학[Bloom's taxonomy]을 소개하고자 한다. 블룸의 분류학은 교사가 제시하는 활동을 통해 아이들이 어떠한 사고 기능을 개발하고 있는지 단계적으로 파악할 수 있도록 정리한 것이다. 블룸의 분류학은 1948년에 미국에서 열린 한 콘퍼런스에서 다양한 사고 기능 체계를 파악하기 위해 소개되었다. 1956년에 블룸[Bloom]은 사고 기능을 여섯 단계로 분류했으며, 2000년에 앤더슨과 크래스월[Anderson & Krathwohl]이 이를 재구성했다.[22]

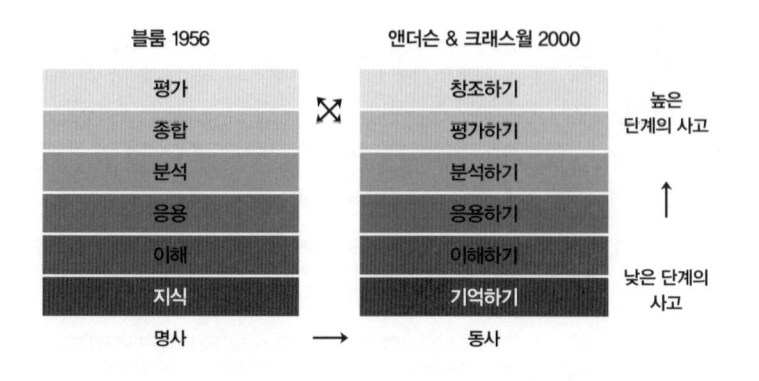

블룸 1956		앤더슨 & 크래스월 2000	
평가	⤬	창조하기	높은 단계의 사고
종합		평가하기	
분석		분석하기	↑
응용		응용하기	
이해		이해하기	낮은 단계의 사고
지식		기억하기	
명사	→	동사	

---

22 • Wilson. Cited by Leslie, O. 2001.

오르디지아^{Ordizia} 지역의 자킨차 이카스톨라^{Jakintza Ikastola}는 블룸의 사고 기능 체계를 다음과 같은 표로 정리했다.[23]

1 지식	정보를 인식하고 수집함	정의하기/표시하기/명명하기/진술하기/작성하기/위치 파악하기/기억하기/제시하기/목록 작성하기/연결하기/정확히 표현하기/강조하기/인식하기/외우기
		누가? 어떻게? 무엇을? 어디에서? 무엇이? 언제?
2 이해	객관적 사실과 주관적 생각을 조직하고 선별함	변환하기/해석하기/편집하기/재작성하기/번역하기/묘사하기/다르게 표현하기/코멘트하기/요약하기/설명하기/순서대로 정리하기/자기표현으로 전달하기/기술하기
		나만의 표현으로 직접 의견을 제시할 수 있는가? ~에 대한 주요 생각은 무엇인가? ~의 차이점은 무엇인가? 간단한 개요를 설명할 수 있는가?
3 응용	객관적 사실과 규칙 및 원칙을 새로운 상황에 적용함	적용하기/입증하기/사례 제안하기/제시하기/산출하기/결정하기/실증하기/해결하기/결론짓기/도출하기/만들기/규칙이나 원칙 세우기/구성하기/밝혀내기/계산하기/활용하기
		~의 사례는 어떠한가? ~와 관련된 ~은 어떠한가? ~은 왜 유의미한가? ~에 대한 다른 사례는 없는가? 이 사례는 ~에서 발생할 수 있는가?
4 분석	전체를 부분적 요소로 분류함	분석하기/대조하기/도출하기/검증하기/분류하기/논쟁하기/구별하기/추론하기/구분하기/추정하기/지시하기/구체화하기/비교하기/구성요소 확인하기/식별하기
		~의 요소 또는 특성은 무엇인가? ~에 따라 ~을 분류할 수 있는가? ~의 체계·도표·웹·지도를 만들 수 있는가? ~와 ~을 어떻게 비교·대조할 수 있는가? ~에 대해 어떤 증거를 제시할 수 있는가?
5 종합	여러 가지 정보를 하나로 통합함	바꾸기/디자인하기/고안하기/재분류하기/가정하기/결합하기/새로운 방식 찾기/계획하기/재구성하기/이상화하기/구성하기/형성하기/예상하기/재조직하기/작성하기/구조화하기/일반화하기/목표 설정하기/검토하기/창조하기/발명하기/생산하기/제안하기
		~로부터 무엇을 추론·예측할 수 있는가? ~에 어떤 아이디어를 추가할 수 있는가? 어떻게 새로운 ~을 창조·디자인할 수 있는가? ~을 위해서 어떤 해결책을 제안할 수 있는가? 만약 ~과 ~을 결합한다면 어떤 일이 발생하게 되는가?
6 평가	의견을 제시하고 결정함	평가하기/결정하기/판단하기/선택하기/변호하기/정당화하기/지지하기/비교하기/평가하기/우선순위를 정하기/추정하기/결론 내리기/의견을 제시하기/분류하기
		~에 동의하는가? 그 이유를 설명하라. ~에 대해 어떻게 생각하는가? 나의 관점에서 무엇이 더 중요한가? ~에 따라 ~를 우선순위로 정할 수 있는가? ~를 확인·평가할 수 있는가?

미켈 에차리[Mikel Etxarri]는 《블룸의 분류학: 교사의 계획 도구[Bloom's taxonomy: a teacher's planning tool]》을 바스크어로 번역 출간했는데, 이 책의 부록도 일부 내용이 포함되어 있다. 블룸의 분류학은 아이들의 사고 기능을 파악하고 훈련하는 데 매우 유용하다.

한편 능동적 학습을 위한 수업 및 교육 모형에는 여러 가지가 있다. 여기에서는 다음의 세 가지 방법에 대해 중점적으로 논하고자 한다.

첫 번째는 거꾸로 교실[Flipped classroom] 모형으로, 아이들이 수업 전에 교사가 제공한 영상이나 자료를 미리 학습하고 실제 수업 시간에는 과제나 토론과 같은 모둠 활동을 진행하는 교수 방법을 말한다. 이 수업의 목표는 블룸의 분류학에 정의된 학습 과정 및 단계에 도달하는 것이다. 거꾸로 교실 모형은 화학 교사인 버그만[Bergmann]과 샘스[Sams]가 처음 만들어 냈으며, 이들이 집필한 책에는 이 수업 모형에 대한 그들의 생각과 경험이 매우 간결하고 이해하기 쉽게 소개되어 있다.

두 번째는 프로젝트 기반 학습[Project-Based Learning: PBL] 모형으로, 공동 과제나 프로젝트를 통해 다양한 학습 내용과 기술을 습득하는 방법을 말한다. 이 수업 모형은 학습 과정에서 다음과 같은 효과를 불러일으킨다.

---

23 • Mendizabal, Iturrioz eta Etxarri (2015)

- 학생들이 협동을 통해 함께 공부하고, 계획하고, 결정을 내리고, 소통하고, 시간을 관리하게 된다.
- 학생들의 참여도가 높아질수록 이들의 동기부여도 높아지며, 자신들의 활동에 대해 좀 더 긍정적인 태도를 갖게 된다.
- 학생들이 배운 내용을 현실에 적용하고, 개념적이고 절차적인 내용을 더 깊이 이해할 수 있게 된다. 다시 말해, 이러한 접근 방법을 통해 학생들은 블룸의 분류학에서 제시된 바와 같이, 단순하게 지식을 암기하는 것이 아니라 좀 더 높은 사고 기능을 발휘할 수 있게 된다.
- 학생들이 서로 협동하고 협력하며 지식을 구조화할 수 있는 기술을 개발할 수 있게 된다. 예를 들면, 서로 아이디어를 공유하거나 의견을 제시하며 함께 해결책을 찾는 것이다. 이러한 기술은 앞으로 개인의 일상 영역뿐 아니라 직업 영역에서도 중요하게 활용될 것이다.
- 프로젝트의 통합교과적 특성으로 인해 학생들이 서로 다른 교과 및 학문 분야를 연결하는 법을 배우게 된다.
- 실제로 다양한 프로젝트를 통해 이카스톨라와 지역 공동체에 기여할 수 있기 때문에, 학생들의 자존감과 자신감을 높이는 데 도움을 준다.
- 학생들 간의 활발한 의견 교환을 통해 학생 개개인이 가지고 있는 강점이 발견되며, 이것이 그들의 고유한 개성으로 발전된다.

세 번째는 교사와 학생의 개인적 학습 환경Personal Learning Environment
이다. 교사와 학생의 학습 활동은 이카스톨라 또는 유치원, 직업학
교, 대학, 연구소 등의 교육기관에서 이루어진다. 이를 통해 우리는
정규 교육과정 이전이나 이후에도 계속해서 학습한다. 앞서 언급한
것처럼, 우리는 학습 욕구와 능력을 갖고 있으며 살아가는 동안 배
움을 멈추지 않을 것이기 때문이다.

이로부터 평생 학습의 개념이 생겨났다. 교사의 역할 중 하나는
학생들의 개인적인 학습 환경을 조성하는 법을 안내해 주는 것이다.
교사들 또한 일반인이자 전문인으로서 개인적인 학습 환경을 조성
할 필요가 있다.

개인적 학습 환경은 처음에는 원격 학습 시스템의 요구에 대응
하기 위해 채택됐으나, 이후 정보통신기술ICT이 교육 시스템에 자리
잡으면서 교육 시스템 전체로 확대되었다.

개인적 학습 환경은 우리가 학습을 위해 사용하는 도구, 정보의
출처, 링크, 활동 등을 모두 포함하는 개념이다[24]. 개인적 학습 환경
은 다음과 같은 특징을 갖고 있다.

---

24 • ADELL SEGURA, Jordi – CASTAÑEDA QUINTERO, Linda: "Los Entornos Personales de
Aprendizaje (PLEs): una nueva manera de entender el aprendizaje" in ROIG VILA, R.; FIORUCCI,
M.: *Claves para la investigación en innovación y calidad educativas. La integración de las
Tecnologías de la Información y la Comunicación y la Interculturalidad en las aulas. Stumenti di
ricerca per l'innovaziones e la qualità in ámbito educativo. La Tecnologie dell'informazione e della
Comunicaziones e l'interculturalità nella scuola, Marfil* – TRE Universita degli studi, 2010. https://
digitum.um.es/xmlui/handle/10201/17247.

- 개인적 학습 환경은 학생이 스스로 능동적으로 조성하는 것이다. 학습의 주제를 조사하고 편집하고 생산하고 조정하고 확정하는 것은 학생 자신의 일이다.

- 개인적 학습 환경은 학생이 다른 이들을 참조하여 마음껏 자신의 학습 과정과 도구를 선택할 수 있는 기회를 제공한다.

- 개인적 학습 환경은 인터넷을 통해서 진행되며, 해당 학습 내용은 학생 및 전문가 집단의 검토와 심사를 받은 후에 제공된다.

- 개인적 학습 환경은 사회적 네트워크를 충분히 활용하여 지역사회의 학습 공동체와 전문가 그룹을 학습 과정에 참여시킨다.

- 개인적 학습 환경은 저작권과 정보 보호에 관한 명확한 규정을 갖고 있다. 학생은 학습에 사용되는 자료와 데이터를 찾기 위해 크리에이티브 커먼즈Creative Commons와 같은 저작권 보호 단체를 활용할 수 있으며, 이곳에서 무료 콘텐츠를 검색하고 이를 다른 사람들과 이용, 수정, 공유할 수 있다.

- 개인적 학습 환경은 교육 네트워크를 만들어 낸다. 학생이 자발적으로 네트워크를 만들고, 이 네트워크를 활용하여 자신들의 학습 내용을 공유하는 것이다.

- 개인적 학습 환경은 기술 지원을 통해 제공된다. 여기에 사용되는 정보통신기술은 단순히 정보를 기록하거나 저장하기 위한 것이 아니라, 광범위한 정보를 서로 공유하고 폭넓은 사회적 네트워크를 얻는 데 활용된다.

개인적 학습 환경은 정보통신기술에 의해 완성된다. 학생과 교사는 정보통신기술 수단을 통해 콘텐츠를 창조하고 조직하며 공유하고 서로 소통할 수 있다.

| 인터넷 자료의 형성 과정 |

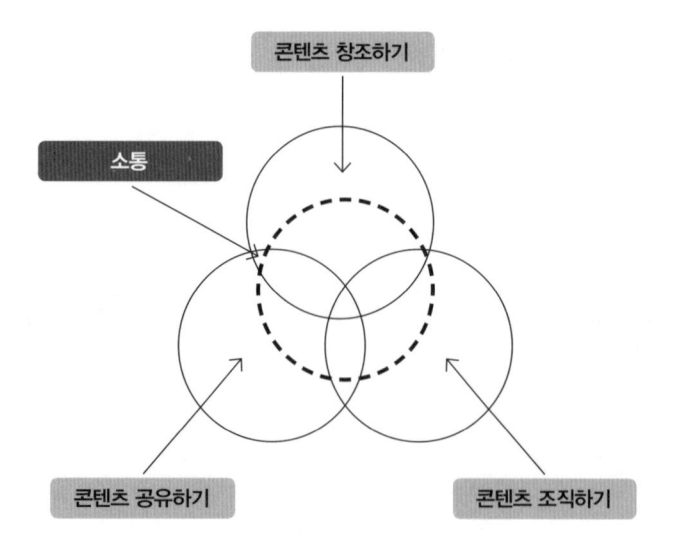

▲ 개인적 학습 환경의 체계 (1)[25]

25 • Steve Wheeler, Physiology of a PLE.
http://steve-wheeler.blogspot.co.uk/2010/07/physiology-of-ple.html. Licence: Physiology of a PLE by Steve Wheeler is licensed under a Creative Commons Attribution-NonCommercialShareAlike 3.0 Unported License.

개인적 학습 환경에서 학생과 교사는 인터넷 자료와 기술을 활용하여 다음과 같이 새로운 콘텐츠를 명명하고, 조직하고, 창조하고, 공유하고, 구성할 수 있다.

| 인터넷 자료의 형성 과정 |

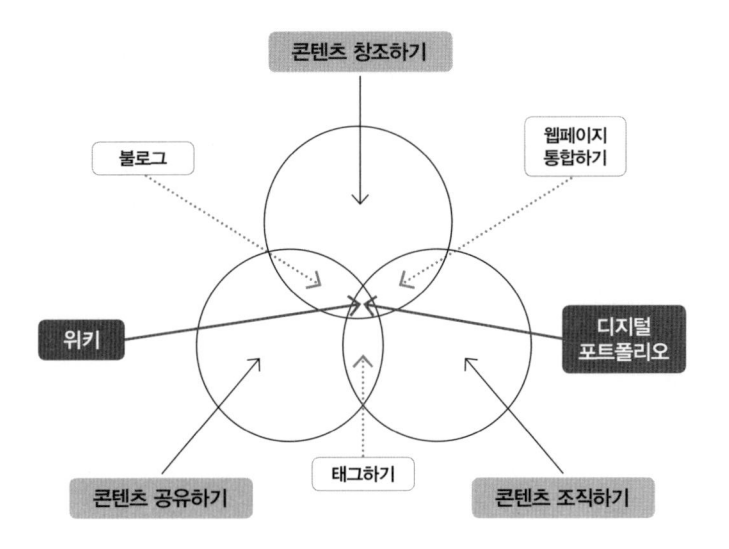

▲ 개인적 학습 환경의 체계 (2)[26]

---

26 • Steve Wheeler, Physiology of a PLE.
http://steve-wheeler.blogspot.co.uk/2010/07/physiology-of-ple.html. Licence: Physiology of a PLE by Steve Wheeler is licensed under a Creative Commons Attribution-Non-commercialShare Alike 3.0 Unported License.

이처럼 개인적 학습 환경에서 검색 엔진, 브라우저, 소셜네트워크, 메신저 등 다양한 도구와 기술을 활용하여 새로운 콘텐츠를 만들어 내는 일은 학생과 교사에게 달려 있으며, 이러한 작업에는 다음과 같은 기능이 사용된다.

검색하기	창조하기	필터링하기
조직하기	공유하기	사회화하기

이러한 과정에서 우리는 학생들이 각자 소유하고 있거나 이용 가능한 도구들을 활용할 수 있도록 안내하면서, 자신만의 개인적 학습 환경을 새롭게 조성할 수 있도록 도와야 한다.

마지막으로 마리아 아카소의 글을 인용하고자 한다. 이 글은 능동적 학습이란 무엇이며 그것이 어떠한 의미를 갖는지 명확하게 보여 준다.

교육학과 현실 사이에는 괴리가 있다. 그래서 현재 서구의 교실에서는 한바탕 촌극이 벌어지고 있으며, 이를 통해 그럴듯한 학습이 이루어지는 것처럼 보이지만 실제로는 그렇지 못한 상황이다. 지금의 교실 상황은 어떠한 사회적 목표도 갖고 있지 않다. 학생들은 수학 공식과 강과 바다의 이름, 시와 소설을 노트에 필기하며 무작정 받아들이고, 시험에서 이를 다시 반복함으로써 지식을 습득하고 있는 상황이다. 학생들은 이러한 방식이 교사들이 가장 바라는 방식이라고 생각한다. 그러나 이러한 학습 방식을 통해서는 학생이 정말로 관심 있는 일을 할 수 없다. 이러한 학습 방식은 학생에게 진정한 배움의 시간을 주지 못한다. 왜냐하면 그들에게는 해야 할 공부가 너무 많기 때문이다. (…) 우리에게는 이러한 학습 과정이 유의미하게 이루어지도록 변화시킬 책임이 있다. 이를 위해서는 다음과 같은 변화가 필요하다.

▶ 사실을 묘사하는 방식에서 경험을 이야기하는 방식으로
▶ 예상 가능한 내용에서 예상치 못한 새로운 내용으로
▶ 나와 상관없는 이야기에서 나와 관련된 이야기로
▶ 문자 텍스트에서 시청각 자료로
▶ 오래된 시각 자료에서 새로운 시각 자료로
▶ 암기에서 행동으로
▶ 고립된 공간에서 열린 공간으로
▶ 사색적인 방식에서 실험적인 방식으로

마리아 아카소[27]

---

27 • ACASO, María: *Reduvolution: Hacer la revolución en la educación*, Paidós, 2013, 139-140. or.

형성 평가 실시하기

평가는 교수 학습 과정의 기본 요소다. 평가는 교사의 교수 방식과 학생의 학습 방식에 영향을 미친다. 만약 교사의 교육목표가 학생이 수업 내용을 기억하고 이해하고 있는지 확인하는 거라면, 교수 방식과 학습 방식 모두 이러한 목표를 따르게 된다. 그러나 교사의 교육목표가 학생이 자신의 학습 과정을 스스로 설계하고 실행하는 것이라면, 교사의 교수 방식과 학생의 학습 방식은 매우 달라질 것이다.

평가의 최종 목적은 교수 학습 과정을 성공적으로 운영하는 것이다. 즉, 학생들이 어떠한 방향으로 나아가야 하는지, 지금은 어느 수준에 도달해 있는지, 그리고 그 과정에서 어떻게 해야 하는지 파악하고 조정하는 것이다. 이에 따라 학습의 목표와 전략 그리고 필수 과제들이 제대로 실행되어야 하며, 과제 및 활동의 평가 기준이 학생들에게 명확하게 제시되어야 한다.

아이들은 새로운 것을 배울 때 자신의 인지 능력을 활용한다. 신뢰의 교육학에서는 이러한 과정이 원활하게 진행되도록 다음과 같은 구체적인 교육 지침을 제시하고 있다.

- 학생은 자신의 능력에 맞게 조정된 목표가 필요하다. 이를 위해 교육자는 학생의 현재 수준과 앞으로의 방향, 최종 목표를 달성하기 위한 방법을 파악해야 한다. 그리고 이러한 상황을 학생과 공유하

여 학생 스스로 자신의 학습 과정을 돌아보고 학습 계획을 세울 수 있도록 도와주어야 한다.

- 학습 목표는 실행 가능한 목표들이어야 한다. 그래야 학생이 자신감을 갖고 해낼 수 있다. 실현 불가능한 목표를 설정하는 것은 학생의 자존감과 역량 개발에 부정적인 영향을 미친다.
- 학생은 새로운 내용을 학습할 때 최대한 다양한 시도를 해야 한다. 이러한 시도 자체가 학습 과정의 일부이기 때문이다.
- 교육자는 학생에게 언제든 학습 과정에서 실수하거나 실패할 수 있고, 이러한 과정이 꼭 필요하다는 사실을 알려 주어야 한다. 그리고 학생의 실수나 실패를 통해 교육자는 학생의 문제점을 파악하고 해결 방법을 모색할 수 있다. 이와 관련하여 딜런 윌리엄^{Dylan William}(2003)은 교사들에게 즉각적이고 단편적인 대답을 요구하는 질문이 아닌 학생들의 사고를 일깨우는 질문을 해야 한다고 주장했다.

신뢰의 교육학 관점에서 실행되는 형성 평가에는 앞서 말한 학생 개인의 능력에 맞는 목표 설정, 성공에 대한 믿음, 다양한 시도, 실수와 실패의 수용 등이 모두 포함되어 있다.

형성 평가를 위한 여러 가지 전략과 도구가 있지만, 그중에서도 '학습을 위한 평가^{Assessment For Learning: AFL}'는 매우 흥미로운 평가 전략이자 도구다. 이 평가 방법에 따르면 교사는 학생에 관한 정보를 수집하여 학생의 요구에 맞춰 교수 방법을 조정하고, 학생은 학습에

관한 정보를 수집하여 자신의 요구에 맞춰 학습 방법을 조정하게 된
다. 자세한 내용은 다음과 같다.

교사에게 도움을 주는 활동	학생에게 도움을 주는 활동
‣ 학생의 요구에 맞춰 수업 목표와 계획을 조정함 ‣ 학생의 강점을 파악함 ‣ 학생의 요구를 파악하여 명확하고 적절한 방식으로 지도함 ‣ 학생의 학습 과정에 가족이 참여하도록 함	‣ 학습에 관한 정보를 수집하고 자신의 현재 수준과 앞으로의 방향, 목표 달성을 위한 방법 등에 대해 숙고함 ‣ 동기부여를 갖고 적극적으로 학습에 참여함 ‣ 모둠 학습을 통해 다른 사람과 협력하면서 지식을 넓힘 ‣ 무엇을 배웠고 무엇을 알고 있는지 파악함

딜런 윌리엄[28]에 따르면, 형성 평가를 활용하여 학생의 학습 과정
과 태도를 개선시키기 위해서는 다음과 같은 노력이 필요하다.

- 학생에게 효과적인 피드백을 제공함

- 학생을 학습 과정에 적극적으로 참여시킴

- 평가 결과에 따라 교수 방법을 조정함

- 평가가 학생의 자존감과 동기부여에 미치는 영향을 인지함

- 학생에게 자기평가의 필요성과 활용 방법에 대해 가르침

---

28 • WILLIAM, Dylan: *Embedded formative assessment*, Solution Tree, 2011.

	학습 목표	학습 상황	학습 방법
교사	성공적 학습을 위한 목표와 기준을 분명히 하고 이를 학생들에게 공유함	학생들의 학습 상황을 점검하기 위해 토론 및 과제 활동을 구성함	학습 발달을 위한 피드백을 제공함
학생	성공적 학습을 위한 목표와 기준을 이해함	학생의 자기 학습을 활성화	
학급 친구	성공적 학습을 위한 목표와 기준을 이해하고 서로 공유함	학생들 간의 교수를 활성화	

'학습을 위한 평가'는 다섯 가지 요소들로 구성되어 있다.

▲ 학습을 위한 평가

딜런 윌리엄의 저서인《내재된 형성 평가*Embedded formative assessment*》
는 이와 관련하여 명확한 설명과 실용적인 사례를 제공한다. 이카스
톨라 연합회의 평가 전문가인 마리아 갈데아노Maria Galdeano는 이 평가
방법을 채택하여, 현재 여러 이카스톨라의 평가 실행을 위한 교육과
자문을 진행하고 있다.

다중 지능 개발하기

모든 사람은 저마다 타고난 재능을 가지고 있다. 적절한 환경이
제공되면 이러한 재능은 지속적으로 개발되고 유지된다. 그러나 부
정적인 영향을 주는 환경에서는 아무리 재능이 뛰어나도 제대로 개
발되기 어렵다. 자신의 재능을 개발하는 일은 매우 중요하다. 그것
이 행복한 삶과 밀접한 연관이 있기 때문이다.

다중 지능을 개발한다는 것은 개인이 자신의 선천적 능력을 다
양하게 발휘하며 살아간다는 뜻이다. 개인의 선천적 능력은 보통 개
인의 관심과 취미, 진로로 나타난다. 학교는 학생들이 이러한 능력
을 개발할 수 있도록 충분한 시간과 공간을 제공해야 한다. 이러한
점에서 가드너의 다중 지능 이론은 매우 설득력이 있으며, 현재 수
많은 학교와 대학에서 이를 기반으로 한 교육 프로젝트들을 실행하
고 있다. 다중 지능 이론은 교육 분야에서 개인에 대한 새로운 접근
방법을 제시하고 있다. 가드너에 따르면, 학교의 기능은 학생의 지
능과 진로 그리고 취미를 개발하는 것이다.

"내가 생각하는 이상적인 학교는 다음의 두 가지 가설을 기반으로 한다. 첫 번째 가설은 모든 사람이 동일한 관심과 능력을 갖고 있지 않으며, 동일한 방식으로 학습하지 않는다는 사실이다. (현재는 많은 학교가 이러한 개인의 차이를 다루는 법을 알고 있다.) 두 번째 가설은 다음과 같다. 오늘날 우리는 르네상스 시대의 사람들처럼 모든 것을 알고 싶어 하며, 모든 것을 알 수 있는 기회를 갖고 살아가길 원한다. 하지만 이것은 불가능하다. 우리는 선택해야 한다. 학교는 학생의 재능과 성향에 대해 충분한 평가를 해야 하고, 학생에게 교과과정 외의 분야에 대해서도 알려 주어야 한다. 그리고 학기가 끝날 때 학생에게 사회에 존재하는 다양한 삶의 형태와 직업 선택에 대해 맞춤식 상담을 제공해야 한다."

가드너에 따르면, 지능은 우리 모두에게 존재하는 생물학적 가능성이다. 우리는 누군가를 보며 재능이 있거나 천재성이 있다고 판단한다. 이러한 지능은 매우 단순하고 분명하게 드러난다. 그러나 반대로 복잡한 상황이나 과제 또는 어려움에 대응하기 위해 여러 지능을 결합해야 하는 경우도 있다.

가드너는 지능을 어떠한 상황이나 문제를 해결하는 능력 또는 공동체를 위해 가치 있는 것을 생산하는 능력이라고 설명한다.

"흔히 '지능'이라고 불리는 인간의 인지 능력은 인간의 능력과 재능

그리고 정신력의 조합이라고 할 수 있다. 인간은 이러한 각각의 능력을 어느 정도는 다들 갖추고 있다. 그러나 사람에 따라 능력의 수준과 능력들의 조합은 다양할 수 있다. (…) 어떤 사람은 특별한 재능이 없을 수도 있다. 하지만 다른 능력들을 조합하여 독특한 방식으로 나름의 기능을 수행할 수 있다." (가드너, 1995)

가드너는 1983년에 자신의 저서 《마음의 틀*Frames of Mind*》에서 지능의 개념을 재구성하고, 다중 지능 이론을 처음으로 소개했다. 그리고 1993년에 출간된 《다중 지능*Multiles intelligences*》에서는 그동안의 연구 결과를 요약하고, 이를 바탕으로 교육에 적용할 수 있는 다양한 아이디어를 제안했다. 가드너는 초기 연구에서 일곱 가지 지능을 제안했지만, 1999년에 출간된 《다중 지능: 인간 지능의 새로운 이해 *Intelligence reframed: Multile intelligences for the 21st century*》에서 추가로 여덟 번째 지능을 소개했다.

- 언어 지능: 언어 지능이란 말과 글로 생각과 느낌을 전달하는 능력을 말한다. 언어 지능이 있는 사람들은 말과 글을 통해 배우고 가르치고 설명한다. 작가, 시인, 변호사, 연설가와 같은 사람들은 매우 발달된 언어 지능을 갖고 있다.
- 공간 지능: 공간 지능을 지닌 사람들은 공간 인식 능력이 뛰어나며 이를 활용하여 일하는 능력을 갖고 있다. 외과의사, 항해사, 엔지

니어, 조각가, 화가 등이 여기에 해당한다.

- 논리·수학 지능: 논리·수학 지능을 지닌 사람들은 논리적으로 생각하고 추론하는 능력을 갖고 있다. 이들은 수학 연산 과제를 해결하고, 가설을 증명하며, 논리적인 결론을 도출하는 능력이 뛰어나다. 과학자, 엔지니어, 연구원, 분석가, 은행가 등이 여기에 해당한다.

- 신체·운동 지능: 신체·운동 지능을 지닌 사람들은 자신의 신체 일부 또는 전체를 이용하여 생각과 감정을 표현한다. 무용수나 운동선수들이 여기에 해당한다. 이들은 손으로 사물을 변형하여 표현하기도 하고, 신체 접촉이나 움직임을 통해 외부 정보를 포착하기도 한다.

- 음악 지능: 음악 지능은 가장 처음에 발달되는 지능이다. 음악에 빠지거나(음악 애호가), 비평하거나(음악 비평가), 변형하거나(작곡가), 표현하는(연주자) 사람들이 여기에 해당한다.

- 자연 탐구 지능: 자연 탐구 지능을 지닌 사람들은 자연법칙을 관찰하고 체계를 이해하는 능력을 갖고 있다. 식물학자, 생물학자, 지질학자, 수의사, 해양학자 등이 여기에 해당한다. 이들 대부분은 자연과 생물, 식물과 동물에 대해 이해하고 이들과 효과적으로 협업하는 능력을 갖고 있다.

- 대인 관계 지능: 대인 관계 지능을 지닌 사람들은 다른 사람과 교류하고 이해하며 협업하는 능력을 갖고 있다. 이들은 다른 사람의 감정을 잘 파악하고 여기에 어떻게 반응해야 하는지 잘 알고 있다. 교사, 판매원, 정치가, 치료사, 상담사 및 자문가, 사회복지사, 의

사, 간호사 등이 여기에 해당한다.

- 자기 이해 지능: 자기 이해 지능이란 자기 자신을 이해하고, 이러한 이해를 바탕으로 다양한 상황에 대처할 수 있는 능력을 말한다. 자기 이해 지능을 가진 사람들은 마음속의 감정들을 구별하고 자신의 강점과 약점을 잘 알고 있다. 철학자, 종교 지도자, 심리학자 등이 여기에 해당한다.

지능 유형	구체적인 능력	관심 분야 및 활동	지능 개발을 위한 활동
언어 지능	읽기, 쓰기, 이야기 전달, 날짜 기억 등 언어로 사고하는 행위	읽기, 쓰기, 이야기 전달, 기억, 퍼즐 등	읽기, 쓰기, 듣기, 언어 관찰, 말하기, 토론 등
공간 지능	지도나 그래프 해석, 그리기, 상상하기 등	디자인, 그리기, 구성, 창조, 꿈꾸기, 회화 관찰	색과 그림을 통한 작업
논리·수학 지능	수학 연산, 추론, 논리, 문제 해결, 단계 및 규정 정의 등	문제 해결, 질문, 통계 업무, 실험 등	규정과 상관관계 활용, 분류, 추론 작업
신체·운동 지능	달리기, 댄스, 연극, 수공예, 도구 사용	신체를 움직이고 터치하는 활동, 몸짓언어 사용 등	신체를 움직이고 터치하는 활동, 신체로 인식하는 감각 처리
음악 지능	노래, 소리 인식, 멜로디 기억, 리듬 맞추기 등	노래, 악기 연주, 음악 감상 등	박자와 멜로디 인식, 노래, 음악 감상 등
자연 탐구 지능	자연에 대한 이해, 동식물 구별 및 인식	자연 활동 참여, 동식물 분류	자연과 관련된 활동, 생물 연구 등
대인 관계 지능	타인에 대한 이해, 리더 역할, 그룹 조직 소통, 분쟁 해결, 아이디어 및 상품 판매	사교, 사람들과의 만남 및 대화	공유, 비교, 관계, 대화, 협동
자기 이해 지능	자신에 대한 이해, 자신의 장점 및 단점 인식, 자신만의 목표 규정	1인 작업, 심사숙고, 사고 행위, 관심을 충족하는 활동 등	1인 작업, 자신만의 페이스로 프로젝트 실행, 사고 행위 등

다중 지능과 관련하여 하비에르 바온Javier Bahón[29]의 방식은 매우 유용하다. 바온은 교육 전문가이자 상담가로 '프로젝트 제로'의 전문가들과도 긴밀한 관계에 있다. 가드너와 하버드 대학의 여러 전문가들의 주도로 시작된 이 프로젝트를 통해 전 세계의 다양한 교육기관들을 위한 다중 지능 관련 활동이 개발되었다.

우리는 바온의 조언과 교육과정을 통해 다음과 같은 아이디어들을 얻을 수 있었다.

- 학생들은 저마다 자신만의 학습 유형을 갖고 있다. 어떤 학생은 눈으로 보며 학습하기도 하고, 어떤 학생은 귀로 들으며 학습하기도 하고, 어떤 학생은 몸을 움직이며 학습하기도 한다. 따라서 교사는 학생의 학습 유형을 파악하고, 각자에게 맞는 학습 활동을 제공해야 한다.
- 모든 학생은 각자 한두 가지 이상 특별히 발달된 지능이 있다. 그러므로 우리는 무엇보다 학생들의 지능을 파악하는 법을 배워야 한다. 이를 통해 어떤 지능이 유지되고 개선되며 발달되어야 하는지 명확히 알아낼 수 있다.

콜레히 몬세라트 카탈루냐 센터The Catalan centre Collegi Montserrat는 다중

---

29 • http://tuinnovas.com/

지능에 관한 흥미로운 교육 프로젝트를 개발했다. 이 프로젝트는 유치원부터 중·고등학교까지의 전 교육과정을 다루고 있으며, 현재 해당 지역뿐만 아니라 전 세계적으로 알려지게 되었다.

이 책의 부록에는 다중 지능에 대한 자세한 설명과 각 지능을 개발할 수 있는 다양한 활동이 정리되어 있다. 바온이 제공한 교육과정 관련 자료들이 부록의 표를 작성하는 데 사용되었다. 가드너는 2011년에 마드리드에서 열린 자신의 명예박사 수여식 연설에서 다중 지능의 기존 여덟 가지 지능에 두 가지 지능을 추가로 언급했다. 그것은 바로 실존 지능existential intelligence과 교수 – 교육학적 지능teaching-pedagogical intelligence이다. 실존 지능은 삶과 죽음의 의미, 우주 또는 세계 안에 있는 인간 존재의 의미 등 인간의 심오한 실존적 문제에 대해 답을 찾는 능력과 관계가 있다. 그리고 교육학적 지능은 특정 지식이나 기술을 가르치는 능력과 관련이 있다.

프란체스크 토랄바Francesc Torralba는 실존 지능 대신 영성 지능spiritual intelligence에 대해 이야기하고 있는데, 이 두 지능은 사실상 동일한 지능으로 간주되곤 한다. 토랄바는 영성 지능이 우리의 일상생활에 매우 유용한 지능이라고 말한다. 영성 지능의 도움으로 우리는 육체와 행동, 원칙과 생각으로부터 거리를 두면서, 우리 자신을 전체의 한 부분으로서 인식하고, 기본에 충실할 수 있기 때문이다. 토랄바는 영성 지능이 종교 기관에 속한 사람들의 전유물이 아니므로 종교와 영성 지능을 서로 분리해야 한다고 주장한다. 그에 따르면, 우

리 모두에게는 영성 지능이 있지만, 다른 지능들과 마찬가지로 그 능력을 제대로 키우지 않으면 결국 발달되지 못한다고 한다.

이와 관련하여 자아초월 심리학Transpersonal psychology은 인간 발달의 두 가지 차원, 즉 심리학적 차원과 영적인 차원에 대해 깊이 있게 다루고 있다. 이러한 개념의 주창자 중 한 사람인 엔리케 마르티네스 로사노Enrique Martinez Lozano는 모든 인간은 삶의 믿음에 대한 욕구, 조화로운 삶에 대한 욕구, 삶의 의미를 찾고자 하는 욕구, 침묵의 욕구, 만족과 행복에 대한 욕구, 타인과의 관계에 대한 욕구 등의 선천적인 욕구를 충족시켜야 한다고 이야기한다. 그렇다면 과연 우리는 어떻게 우리 내면의 존재를 찾아갈 수 있을까? 로사노는 다음의 두 가지 방법을 제안한다.

- 자신의 내적 발달을 추구하는 사람들의 경험에 대해 알아본다.
- 침묵이나 명상 호흡 등을 연습해 본다.

점점 더 많은 학교들이 이와 같은 영역의 활동에 참여하기 시작했다. 예를 들어 페요 아뇨르가Pello Añorga는 2년 전에 교육 센터에서 '내면적 존재를 찾아가는 학교 활동Barnetasunaren lanketa hainbat ikastetxetan'이라는 프로그램을 실행한 바 있다.

씨앗이었던 우리는 꽃을 피웠습니다.

오늘 우리는 당신의 보살핌이 필요한 여러 빛깔의 꽃입니다.

우리의 대지가, 우리의 비가, 우리의 바람이 되어 주세요.

그리고 우리의 아름다움으로 세상을 밝혀 주세요.

이반 곤살레스Iban González

미래 세대의 행복을 보장하는
새로운 교육을 꿈꾸며

우리는 이 책을 통해 교육공동체 이카스톨라와 신뢰의 교육학에 대해 설명하고, 이러한 교육적 접근 방법을 뒷받침하는 이론적 배경에 대해 간략히 소개했으며, 동시에 이카스톨라의 교육 영역과 세부 내용에 대해 논의했다. 그리고 인간 본능에 관한 분류와 다중 지능 그리고 사고 기능 관련 자료를 참고할 수 있도록 부록에 제공했다. 우리는 이러한 작업을 마치며 큰 보람을 느낀다.

아직 개선해야 할 것이 많이 남아 있지만, 우리는 지금까지 우리가 해낸 것들에 만족하고 있다. 우리는 이카스톨라에서 이루어진 깊이 있고 지속적인 변화를 살펴봄으로써, 우리의 활동을 지속할 수 있는 새로운 동기부여와 자극을 얻었다.

서두에서 언급한 바와 같이, 우리는 교육 전문가와 부모 그리고 공동 참여자를 염두에 두고 이 책을 썼다. 그리고 이 책을 읽는 독자

들의 마음에 변화에 대한 갈망이 피어오르기를 바랐다. 우리의 바람이 성공했는지 모르겠다.

이 책을 읽고 나서 어쩌면 당신은 지금까지 습관적으로 해 온 무언가를 그만두어야겠다고 생각하거나, 이제까지 해 본 적이 없는 무언가를 새로 시도해 봐야겠다고 생각했을지 모른다. 물론 계속해 나가야겠다고 확신한 습관들도 있을 것이다. 만약 여러분이 이렇게 생각했다면, 우리의 임무는 어느 정도 성공한 셈이다.

끊임없이 변화하는 이 시대에 우리는 우리의 지식과 경험을 바탕으로 미래 세대의 필요와 요구에 응답할 수 있는 새로운 교육 패러다임을 구축해 나가야 한다. 그렇지 않으면 새로운 세대인 우리 아이들의 행복과 교육을 보장할 수 없다.

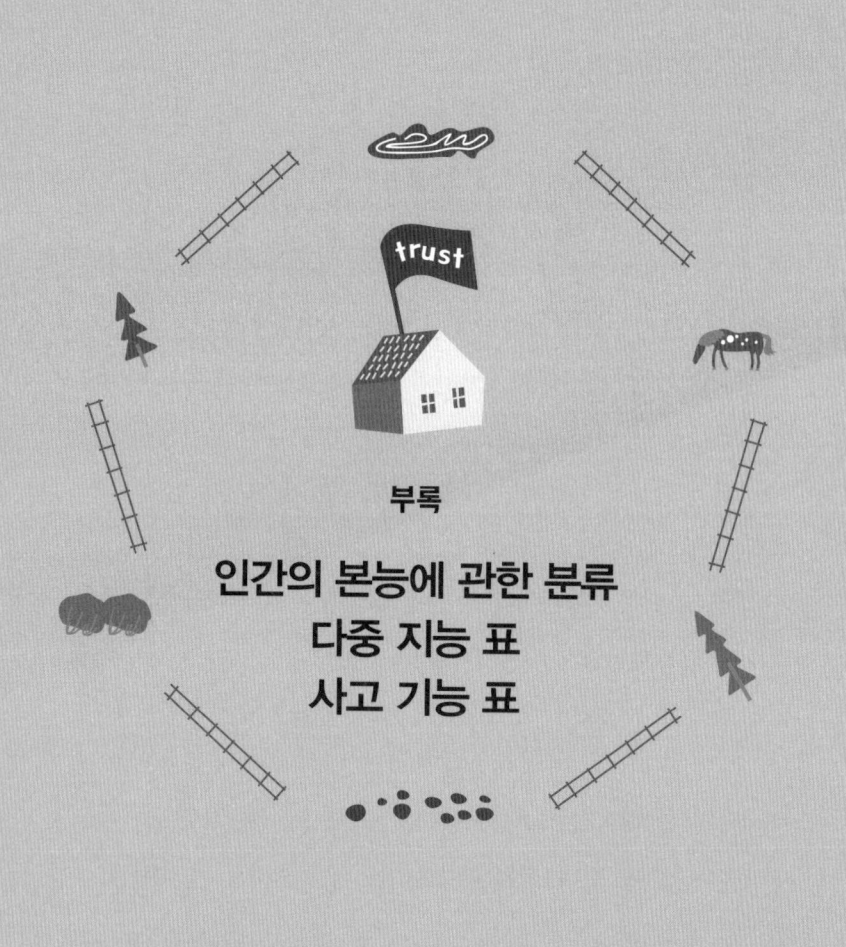

부록

인간의 본능에 관한 분류
다중 지능 표
사고 기능 표

| 인간의 본능에 관한 분류 |

밀착 및 애착 본능

인간의 매우 기본적인 본능이다. 인간의 모든 본능은 협력, 공격, 애정, 성관계와 같은 인간에 대한 접촉을 목적으로 생겨난다. 밀착 및 애착 본능은 이러한 본능의 시작이자 출발점이다. 이 본능은 다른 사람과의 친밀감을 유지시키고, 나머지 다른 본능들과 마찬가지로 인간의 생존 능력을 최대로 끌어올리는 역할을 한다.

1차 보호자 또는 2차 보호자와의 유대 관계는 인간 본능 형성의 기본 축이 된다. 따라서 보호자와의 관계 형성 과정에서 결핍이 생기면 다른 본능이 형성되는 과정에서도 결함이 생기게 된다. 도착 행위나 인격 장애가 그러한 예다.

밀착 및 애착 본능은 인간의 본능 형성 단계에서 나타나는 최초의 본능이다. 일반적으로 어머니에 대한 애착 성향은 아이가 자궁에 있을 때부터 시작되며, 생후 6개월 또는 7개월부터 두드러지게 나타난다. 이때 아이는 애착 대상과 분리되면 항의하는 반응을 보이는데, 이러한 상황이 길어지면 절망감을 느끼고 심각한 경우에는 이탈 행위를 보이기도 한다. 항의 반응은 아이와 보호자 간의 유대 관계를 가늠해 볼 수 있는 분명한 표지다.

아이에게 나타나는 애착 본능은 다음과 같이 네 가지 측면으로

나누어 살펴볼 수 있다.

- 신체적 측면: 아이가 자신의 신체를 보호자에게 밀착하는 행위 또는 보호자가 자신의 신체를 접촉하게 하는 행위
- 감정적 측면: 다정함, 애정, 기쁨, 행복
- 상상적 측면: 빛, 열, 색에 대한 상상
- 자율신경적 측면: 개인적 친밀감에서 오는 기쁨이 즐거움 및 만족과 관련된 신경생물학적 발달을 촉진함

밀착 및 애착 본능을 유발하는 자극에는 '1차 또는 2차 보호자의 존재', '일반적으로 양육을 담당하는 사람', '다정함과 친절함', '분리', '질병', '두려움', '배고픔' 등이 있으며, 밀착 및 애착 본능을 억제하는 자극에는 '애착 대상과의 만남이나 신체적 접촉', '탐구와 놀이' 등이 있다.

아이의 밀착 및 애착 본능과 관련하여 다음과 같이 교육할 수 있다. 먼저 아이와 유대 관계를 형성하고 강화해야 한다. 이를 위해 가정에서는 아이의 울음소리와 신체 신호에 대해 민감하고 이성적으로 반응하고, 학교에서는 아이가 학교생활에 적응할 수 있도록 도와야 한다. 특히 입학 초기에는 아이가 교사와 교실 공간에 익숙해지는 것이 중요하며, 아이가 보호자와 분리된 일상을 침착하게 받아들이고, 다른 친구들과 자연스럽게 놀이 활동을 시작할 수 있을 때까

지 기다려 주는 것이 좋다. 마지막으로 교사는 아이의 관계 형성 과정을 자세하게 관찰하고 기록해야 한다.

이처럼 적절한 개입과 대처가 이루어졌을 때 다음과 같은 결과가 나타난다. 첫째, 밀착 및 애착 본능이 강화된다. 그렇지 않으면, 다른 사람과의 관계 형성에서 감정적 의존 또는 장애가 생길 수 있다. 둘째, 기본적인 신뢰가 형성된다. 아이가 자신과 타인에 대해 갖는 믿음은 생후 처음 몇 년간 밀착 및 애착 본능이 발달되는 방식에 따라 달라진다. 셋째, 감정 지능이 발달하여 자신의 감정과 다른 사람의 감정을 파악하고 이해하고 대응할 수 있게 된다. 넷째, 다른 사람과 소통할 수 있게 된다. 다섯째, 자기중심적으로 생각하던 사고 방식에서 벗어나기 시작한다. 보통 만 3세부터 아이는 다른 사람의 관점으로 세상을 보기 시작하며, 다른 사람의 동기부여에 대해 이해하고 존중하고 반응하기 시작한다. 여섯째, 즐거움과 욕구, 흥분을 느낄 수 있게 된다. 반면에 생후 처음 몇 년간 긍정적인 유대 관계를 경험하지 못한 아이는 이러한 감정을 느끼는 데 어려움을 갖는다.

탐구 본능과 인지 발달

탐구 본능이란 어떠한 대상에 호기심을 갖고 이해하고자 하는 욕구를 말한다. 지능 및 인지 발달은 탐구 본능의 수단이 되며, 탐구 본능은 다시 인지 발달을 촉진시킨다. 탐구 본능은 애착 본능과 상

충한다. 탐구 본능이 활성화되면 애착 본능이 약화되고, 애착 본능이 활성화되면 탐구 본능이 약화된다. 탐구 본능은 생후 5개월 정도에 형성되는데, 초기에는 주로 자신의 신체에 대한 관찰과 발견에 한정되고, 이후 기어 다니거나 걷게 되면서 자신의 주변 환경을 주도적으로 탐구하기 시작한다. 아이의 지능은 '3차원 공간', '3차원 공간의 영구적 물체', '시간에 대한 개념', '인과관계에 대한 개념', '행동의 조직(수단과 목적)', '외부 세계에 대한 심리 묘사'에 관한 탐구 본능과 함께 발달한다.

아이에게 나타나는 탐구 본능은 다음과 같이 네 가지 측면으로 나누어 살펴볼 수 있다.

- 신체적 측면: 물체에 다가가는 행위, 물체를 응시하거나 손으로 접촉하는 행위, 물체를 탐구하기 위해 눈, 코, 입, 귀 등의 감각기관을 이용하는 행위
- 감정적 측면: 호기심
- 상상적 측면: 탐구 대상에 대한 관심과 흥미
- 자율신경적 측면: 노르아드레날린, 도파민, 엔도르핀 분비

탐구 본능을 유발하는 자극은 다음과 같다. 하나는 '다양한 물체와 도전 과제로 가득 찬 3차원 공간' 또는 '3차원 공간에서 진행되는 실험'이며, 또 하나는 '감각을 자극하는 형상이나 빛을 가진 물체,

특히 사람들 간에 유대 관계를 형성하는 물체'다. 시간이 지나면 자연적 자극이 조건화된 자극 또는 문화적 자극과 결합하기도 한다. 한편 탐구 본능을 억제하는 자극에는 '습관적인 행동', '두려움', '밀착 및 애착 본능의 활성화' 등이 있다.

일반적으로 아이의 탐구 본능과 관련하여 다음과 같이 교육할 수 있다. 학교의 역할은 아이의 호기심을 키우고 자라나게 하는 것이다. 아이가 생후 초기 몇 년 동안 사람과 사물에 대해 가졌던 호기심은, 이후 다양한 정보들을 접하며 크게 확장된다. 이를 위해서는 무엇보다 먼저 교사가 호기심 있는 태도를 유지해야 한다. 보통 교사가 관심과 흥미를 보이면, 아이도 관심과 흥미를 보이기 때문이다. 그리고 아이가 스스로 심리적 편안함을 느껴야 탐구 활동을 할 수 있다. 애착이나 도피, 공격과 같은 본능이 약화되어야 한다. 그렇지 않으면 아이가 특정 주제에 집중하기 어려워진다.

취학 전 아이의 탐구 본능과 관련해서는 다음과 같이 교육할 수 있다. 첫째, 아직 어린 아이의 경우, 이른 아침에, 아이가 탐구 활동이나 놀이에 적극적으로 참여할 준비가 되기 전까지 보호자로부터 분리해서는 안 된다. 둘째, 우리는 종종 아이가 산만하다고 생각해서 아이에게 가만히 있기를 요구하곤 하는데, 이러한 요구는 아이들의 탐구 행위를 방해할 수 있으므로 주의해야 한다. 셋째, 애착 행위를 줄여 나간다. 넷째, 아이의 탐구 본능과 관련된 활동을 관찰하여 기록하고 정리한다. 다섯째, 아이에게 스스로 생각할 수 있고 계획

할 수 있는 활동을 제안하고 함께 실행한다. 여섯째, 아이가 학습에 대한 두려움을 느끼지 않도록 차분하고 즐거운 환경에서 새로운 학습 주제를 소개한다.

이처럼 적절한 개입과 대처가 이루어졌을 때 다음과 같은 결과가 나타난다. 첫째, 아이의 호기심이 살아나고 자기 주도성이 강화된다. 우리는 호기심이 생길 때 집중할 수 있으며, 그렇게 이해된 정보가 머릿속에 남는다. 둘째, 감각 운동 지능이 발달한다. 셋째, 소명 의식이 나타나기 시작한다.

도피 및 공포 본능

이 본능은 탐구 본능과 반대되는 본능이다. 아이가 두려움을 느끼면 탐구하지 않게 되고, 아이의 호기심은 사라진다. 아이에게 나타나는 도피 및 공포 본능은 다음과 같이 네 가지 측면으로 나누어 살펴볼 수 있다.

- 신체적 측면: 도피 및 공포 본능이 활성화되면 크게 두 가지 신체 반응이 나타날 수 있다. 하나는 애착 관계가 형성된 사람, 즉 가장 안전하다고 느끼는 사람에게 도피하는 것이다. 다른 하나는 바로 신체가 마비되는 것이다. 이러한 상황이 되면 정신 활동이 정지되고, 이로 인해 도피하는 태도가 나타난다. 일단 두려움에 사로잡히

게 되면, 외부 정보를 이해하고 처리하는 게 거의 불가능해진다. 두려움은 정신 활동의 가장 큰 적이다. 두려움이 생기면 정신 활동이 더뎌지고 심한 경우에 완전히 정지될 수 있다.

- 감정적 측면: 두려움
- 상상적 측면: 위험하거나 위협적인 존재에 대한 부정적 상상
- 자율신경적 측면: 도피하려는 모든 신체적 움직임, 불안과 긴장, 방어 및 스트레스 호르몬 분비

도피 및 공포 본능을 유발하는 자극은 다음과 같다. 하나는 '자연 자극'이다. 어두움, 뱀, 높은 곳, 갑자기 커지는 물체 등이 여기에 속한다. 또 하나는 '아이의 내면에서 일어나는 자극'이다. 다치거나 이와 관련된 부정적 경험, 조건화된 자극, 타인이 주는 자극, 어른한테 전이된 두려움, 무서운 이야기, 위험한 상황에 대한 두려움 등이 여기에 속한다. 한편 도피 및 공포 본능을 억제하는 자극은 다음과 같다. 하나는 '신뢰 관계에 있는 사람'이다. 신뢰 관계에 있는 사람은 아이에게 안전한 항구가 되며, 그들의 도움을 통해 아이는 다시 탐험과 놀이와 활동에 참여하고자 하는 욕구가 생긴다. 또 다른 하나는 '친구들과의 협업 및 모둠 활동'이다.

일반적으로 아이의 도피 및 공포 본능과 관련하여 다음과 같이 교육할 수 있다. 첫째, 취학 전에, 그리고 이후 초등 및 중등 교육과정에서 새로운 학습 자료를 제시할 때 아이의 장애 반응에 주의하

라. 아이가 멈추어 있거나 경직되어 있는 경우, 우리는 친밀하고 다정하며 차분한 분위기 속에서 아이의 안전한 의지처가 되어야 한다. 그래야 아이의 장애 반응이 사라지고 학습이 재개될 수 있다. 둘째, 특정한 사람이나 사물 또는 상황이 누군가에게는 두려움을 불러일으킬 수 있다는 것을 알아 두어야 한다. 특정한 상황에서의 성공과 실패 경험 때문에 두려움을 비롯하여 여러 가지 감정이 생길 수 있다. 예를 들어, 공격적인 상황에서는 공격 성향이 나타나고, 차분한 상황에서는 호기심이 생겨나고, 공포 상황에서는 도피 성향이 강하게 나타날 수 있다.

취학 전 아이의 도피 및 공포 본능과 관련해서는 다음과 같이 교육할 수 있다. 첫째, 두려움을 느끼는 아이의 신체와 감정을 포용하며 도피 및 공포 본능의 발생을 억제시킨다. 이후 아이를 겁나게 하거나 상처 낸 것이 무엇인지 함께 파악하면서, 이를 극복할 수 있도록 돕는다. 둘째, 아이의 도피 및 공포 본능에 관한 태도를 관찰하여 기록하고 정리한다. 셋째, 아이가 자신이 느끼는 두려움과 감정을 파악할 수 있도록 돕는다. 넷째, 입학 후에 아이가 새로운 상황과 환경에 놓이면, 앞서 언급한 것처럼 도피 및 공포 본능이 나타날 수 있다. 과거에 호기심을 가졌던 대상이 두려움의 원인이 되기도 한다. 그러므로 입학 초기에 언제든 이러한 상황이 일어날 수 있음을 염두에 두어야 한다.

이처럼 적절한 개입과 대처가 이루어졌을 때 다음과 같은 결과

가 나타난다. 첫째, 자기 자신에 대한 믿음과 다른 사람에 대한 신뢰가 커진다. 둘째, 어려움에 직면했을 때 도움을 요청하는 법을 알게 된다. 셋째, 자신감과 자기 주도성, 협동 정신이 강해진다.

사교 및 친교 본능

보호자와의 관계를 통해 아이에게 애착 본능이 생기는 것처럼, 또래 집단과의 관계를 통해 사교 및 친교 본능이 나타난다. 따라서 사교 및 친교 본능은 애착 본능의 연장으로 볼 수 있다. 이 본능은 우정과 협동의 기반을 마련하며, 두려움이나 수줍음과는 거리가 멀다. 사교 및 친교 본능은 다른 아이들에 대한 관심이 생겨나는 생후 5개월 무렵에 시작되며, 이 본능에 따라 생후 1년 무렵이 되면 아이는 친구를 찾기 시작한다.

아이에게 나타나는 사교 및 친교 본능은 다음과 같이 네 가지 측면으로 나누어 살펴볼 수 있다.

- 신체적 측면: 요청, 제공, 미소, 협동, 쓰다듬기, 그 밖에 유대감을 형성하는 행위
- 감정적 측면: 우정
- 상상적 측면: 다른 아이들을 친절하고 호의적으로 바라봄
- 자율신경적 측면: 밀착 및 애착 본능과 유사함

사교 및 친교 본능을 유발하는 자극은 '다른 아이들의 존재'이며, 이러한 애착은 선천적으로 자연스럽게 나타난다. 사교 및 친교 본능을 억제하는 자극에는 '분노 및 공격성', '안정된 또래 관계' 등이 있다.

취학 전 아이의 사교 및 친교 본능 형성과 관련해서는 다음과 같이 지도할 수 있다. 첫째, 다른 아이들과 함께 있을 수 있도록 도와준다. 둘째, 아이들이 함께할 수 있는 활동 공간을 마련해 준다. 셋째, 오두막과 같이 아이들이 함께 머물 수 있는 별도의 공간을 만들어 준다. 넷째, 아이의 사교 및 친교 본능에 관한 내용을 관찰하여 기록하고 정리한다.

이처럼 적절한 개입이 이루어졌을 때 다음과 같은 결과가 나타난다. 첫째, 대인 관계 지능이 발달한다. 둘째, 서로 도움을 주고받으며 협동하는 행위에 관심을 갖는다. 셋째, 리더십이 발달한다.

공격 본능

개인과 집단 모두에 있는 기본적인 본능으로, 아이가 자기 자신을 지키고 보호할 때 중요한 역할을 한다. 보통 화가 나거나 짜증나는 상황이 되면, 아이들은 공격성을 드러냄으로써 자신의 영역이나 개별성을 지키곤 한다. 그러나 공격 본능은 다른 본능과 조화를 이루기 위해 어느 정도 조절될 필요가 있다. 동물이나 인간이 다른 개

체나 사물을 파괴하는 행위도 공격 본능에서 비롯된다. 동물의 세계에서 공격성은 위계 본능을 행사하는 도구가 되고, 인간의 세계에서 공격성은 윗사람과 아랫사람 사이에 위계를 세우는 역할을 한다. 인간은 동물과 달리 집단적 공격성을 계속 발전시켜 나가며, 인간의 공격 본능은 보통 2~3세 무렵에 나타난다.

아이에게 나타나는 공격 본능은 다음과 같이 네 가지 측면으로 나누어 살펴볼 수 있다.

- 신체적 측면: 물기, 할퀴기, 때리기, 싸우기, 짜증내기, 부정적 반응 보이기 등 타인에게 파괴적 또는 위협적으로 행동함
- 감정적 측면: 외부적 요인으로 화가 나고 분노가 일어나면, 자기 자신에게도 화와 분노를 느끼게 되어 우울증이 생기는 경우가 많음
- 상상적 측면: 타인에게서 사악한 이미지를 떠올림
- 자율신경적 측면: 근육의 긴장, 특정한 혈액의 분포, 방어 호르몬의 분비 등 공격을 준비하는 모든 본능적 반응

공격 본능을 유발하는 자극에는 '육체적 고통', '관계 및 애정의 결핍', '아이의 변화와 관심사, 활동에 대한 무관심', '아이에게 위협적으로 보이지만 아이의 힘보다 열등하다고 인식되는 사물 또는 상황' 등이 있다. 한편 공격 본능을 억제하는 자극에는 '위협을 주는 사물이나 대상 제거하기', '새로운 활동을 통해 주의 환기시키기(3~6

세 대상)', '대화', '사과' 등이 있다.

취학 전 아이의 공격 본능과 관련해서는 다음과 같이 지도할 수 있다. 첫째, 절대로 처벌에 의존하지 않는다. 처벌은 오히려 아이의 공격 본능을 자극하기 때문에, 아이 스스로 부정적인 공격성을 줄이면서 감정을 조절하고 이해할 수 있도록 도와야 한다. 둘째, 비폭력적 성향의 리더나 아이들을 그룹에 소개한다. 셋째, 공격적 태도의 원인을 조사한다. 넷째, 학교 교문 앞에서 폭력적인 상황이 일어나는지 파악한다. 다섯째, 공격적 성향을 지닌 아이를 진정시키고 아이가 왜 분노하고 있는지 경청한다. 그러고 나서 이들에게 어떻게 긴장 상태를 풀 수 있는지 지도하여 공격적 행동의 수위를 낮추도록 한다. 여섯째, 공격성으로 인해 자기 자신이 입는 피해에 대해 알려준다. 일곱째, 공격 본능을 제어하지 못할 때 다른 아이에게 줄 수 있는 피해에 대해 알려준다. 여덟째, 5~6세 무렵의 아이에게는 물리적인 공격 행동 이외에 자기 자신을 방어할 수 있는 법을 알려준다. 아홉째, 아이의 공격 본능에 관한 내용을 관찰하여 기록하고 정리한다.

이처럼 적절한 개입과 대처가 이루어졌을 때 다음과 같은 결과가 나타난다. 첫째, 공격 본능이 다른 본능들과 함께 조화를 이루면서 균형 있는 인격이 형성된다. 둘째, 자기 자신의 감정을 분석하는 능력이 향상한다. 셋째, 자기중심적 사고에서 벗어나며 공감 능력이 발달한다. 넷째, 공격성을 조절하며 자신의 분노를 적절하게 표현하

는 방법을 알아낸다.

위계 본능

　모든 사회적 동물이 갖고 있는 본능이며, 특히 인간 세계에서 강하게 나타난다. 인간행동학에 따르면, 위계는 각 개인이 집단 내에서 성공한 횟수에 따라 결정된다. 집단 구성원이 원하는 상황을 점유하거나 그들이 원하는 대상이 되는 것이 여기에 해당한다. 동물 세계에서는 얼마나 강한 공격성을 갖고 있는지에 따라 위계가 결정되지만, 인간 세계에서는 매력에 따라 위계가 결정되기도 하는데, 여기서 말하는 매력은 보통 집단 구성원이 높이 평가하는 특성이나 역량에서 나온다. 인간 세계에는 두 가지 유형의 리더가 존재한다. 하나는 그들의 매력을 통해 인정받은 리더이며, 또 하나는 공격성이나 폭력성을 통해 추대된 리더이다. 아이가 3세 무렵이 되면 친구들과 놀이 활동을 하면서 이러한 위계 본능을 드러낸다.

　아이에게 나타나는 위계 본능은 다음과 같이 네 가지 측면으로 나누어 살펴볼 수 있다.

- 신체적 측면: 고개를 치켜드는 행동, 민첩한 움직임, 강한 눈빛 등
- 감정적 측면: 우월감, 문제 해결 능력에 대한 자신감, 공격적이고 지배적인 유형의 경우 공격성을 드러내고 공포감을 조성하여 긴장

을 유발함

- 상상적 측면: 권력에 대한 상상, 자신이 주인공인 상황을 확대 상상함
- 자율신경적 측면: 권위적인 몸짓, 감시와 행동 조치를 유발하는 노르아드레날린과 도파민 전이체의 활성화

위계 본능을 유발하는 자극에는 '성공 횟수', '가족 내 지위' 등이 있으며, 위계 본능을 억제하는 자극에는 '실패'가 있다.

취학 전 아이의 위계 본능 형성과 관련해서는 다음과 같이 지도할 수 있다. 첫째, 집단의 모든 구성원이 각자 자신의 임무에 책임감을 갖고 주도적으로 수행하는 분위기를 조성하면서, 함께 성공을 경험하도록 돕는다. 둘째, 아이의 위계 본능에 관한 내용을 관찰하여 기록하고 정리한다.

이처럼 적절한 개입과 대처가 이루어졌을 때 다음과 같은 결과가 나타난다. 첫째, 교실에서의 모둠 학습이 체계적이고 협동적으로 이루어지며, 이때 리더가 매우 중요한 역할을 하게 된다. 리더로 인해 각 모둠의 구성원들은 서로 화합하고 안정된 상태를 갖게 되며, 서로 도움을 주고 각자 알맞은 역할을 찾게 된다. 둘째, 장기적으로 경험과 기술 그리고 리더십을 갖춘 이들을 양성할 수 있다.

돌봄 및 보호 본능

동물 세계에서 모성 본능 또는 모성애를 형성하는 본능으로, 일부 동물 또는 인간 세계에서는 부성애의 형태로 나타나기도 한다. 아이에게 나타나는 돌봄 및 보호 본능은 다음과 같이 네 가지 측면으로 나누어 살펴볼 수 있다.

- 신체적 측면: 포옹이나 신체적·언어적 애정 표현 등 아이를 돌보는 모든 행위, 이후 아이가 독립적으로 자라면 이러한 본능의 영향으로 타인에게 도움을 주는 사람이 됨
- 감정적 측면: 아이의 안전 및 행복과 관련된 모든 감정
- 상상적 측면: 상대의 무력한 또는 빈약한 이미지를 상상하고, 위험한 상황 또는 이에 맞서는 아이의 무능력을 과대평가하는 경향이 있음
- 자율신경적 측면: 아이가 보호자로부터 분리되거나 위험에 처했을 때 나타나는 모든 자율신경적 반응, 아이가 어머니의 사랑에 의지하면서 안전하고 편안한 상태에 있을 때 나타나는 모든 자율신경적 반응

돌봄 및 보호 본능을 유발하는 자극에는 '보살핌을 받는 대상의 유아적 특성', '위험에 처한 아이에 대한 인식 및 느낌', '괴로워하는

아이의 모습', '보호자와 분리되어 고통스러워하는 아이의 모습' 등이 있다. 한편 돌봄 및 보호 본능을 억제하는 자극에는 '안정감을 보이는 아이의 모습', '미소를 짓거나 소리 내어 웃으며 친밀한 반응을 보이는 아이의 모습' 등이 있다.

취학 전 아이의 돌봄 및 보호 본능 형성과 관련해서는 다음과 같이 지도할 수 있다. 첫째, 성인과 청소년이 아이를 편안하게 돌볼 수 있는 환경을 조성한다. 생각보다 다양한 연령의 아이들이 서로 돌봄 및 보호 본능에 반응한다. 특히 나이 차이가 크게 나는 경우, 나이가 많은 아이들이 어린아이들을 가르치고 돌봐 주려는 욕구를 종종 느끼게 된다. 반면 어린아이들은 나이 많은 아이들을 자신들이 참고 해야 할 본보기로 생각한다. 둘째, 이러한 본능 형성과 관련하여 건축학적 디자인과 공간이 중요한 역할을 한다는 사실을 유념한다. 셋째, 여자아이들과 남자아이들 사이에 책임감을 부여한다. 넷째, 아이의 돌봄 및 보호 본능에 관한 내용을 관찰하여 기록하고 정리한다.

이처럼 적절한 개입과 대처가 이루어졌을 때 다음과 같은 결과가 나타난다. 첫째, 돌봄과 보호 본능은 리더십을 구성하는 중요한 요소다. 따라서 이 본능이 발달할 수 있는 환경을 조성해 주면 아이가 책임감 있는 리더로 자라날 수 있게 된다. 둘째, 미래의 교사들이 아이들을 가르치고 돌볼 때 학습 과정에서 발생할 수 있는 어려움에 대해 신중하게 접근하도록 도와준다. 그리고 아이들 간의 관계 문제에 신중하게 접근하도록 도와주고, 공격성으로부터 보호해 주는 역

할을 하게 한다. 마지막으로 사춘기 직전이나 사춘기가 진행되는 동안 개인 또는 가정 문제에 대해 신중하게 접근하도록 도와준다.

성적 본능

애착 본능, 친교 본능, 돌봄 본능과 더불어 인간애를 구성하는 중심 요소다. 이 본능은 인간 본능 발달의 가장 마지막 단계에 해당하기 때문에, 이전 단계의 발달 정도에 따라 행동 체계가 다르게 나타나며, 보통 5~6세 무렵에 나타난다. 아이에게 나타나는 성적 본능은 다음과 같이 네 가지 측면으로 나누어 살펴볼 수 있다.

- 신체적 측면: 성적 특성 표현, 육체적 친밀함, 몸 전체와 특히 생식 기관의 성감대에 대한 애무, 성관계
- 감정적 측면: 성적 표현, 불타는 욕망, 성적 호기심과 관조, 성적 매력
- 상상적 측면: 빛과 생명에 대한 상상
- 자율신경적 측면: 최초의 친밀한 관계에서 오르가즘에 이르기까지 성적 본능의 활성화는 모든 생리적 시스템을 동원하여 엔돌핀을 방출하는 쾌락 작용을 이룬다. 노르에피네프린, 아드레날린, 도파민은 서로 분리할 수 없는 쾌락의 요소들로서 이러한 관계의 전체적인 순환 과정에 존재한다.

아이에게는 생식기에 성적 자극을 주는 행위가 성적 본능을 유발하는 자극 그 자체가 된다. 한편 이러한 성적인 유희는 일단 본능적인 흥분이 방출되면 저절로 사라진다. 오히려 이를 금지하면 흥분이 계속될 수 있다.

취학 전 아이의 성적 본능 형성과 관련해서는 다음과 같이 지도할 수 있다. 성적 본능은 수 세기 동안 아동기와 청소년기에 금기시되고 심지어 처벌되기도 했다. 오늘날에도 성적 본능에 대해 아동 및 청소년과 자연스럽게 이야기하는 것은 어려운 일이다. 성적 본능에 대해 교육하기 위해서는 다른 부모들과 논의할 필요가 있다. 성적 취향과 표현은 아이들의 선천적인 특성으로, 이에 관한 여러 가지 측면을 고려해야 한다.

이처럼 적절한 개입과 대처가 이루어졌을 때 다음과 같은 결과가 나타난다. 첫째, 교육자들이 성적 유희에 대해 분명한 견해를 갖고, 억압과 죄책감의 감정에서 성(性)을 분리하면 성적 본능이 제대로 이해될 수 있다. 둘째, 아이들이 억압에서 비롯된 과도한 성적 흥분이 아닌 인간적인 특성을 고려함으로써 자신의 정서적인 파트너를 적절히 선택할 수 있게 된다.

| 다중 지능 표 |

지능	능력	관련 직업
언어 지능	▪ 언어로 사고하는 능력 ▪ 말과 글로 생각과 느낌을 전달하는 능력 ▪ 말과 글로 설명하며, 가르치고 배우는 능력	▪ 소설가, 시인, 작가, 편집자, 변호사, 강연자

흥미	특징	관찰 평가
▪ 읽기 ▪ 쓰기 ▪ 이야기 만들기 ▪ 단어나 운율, 발음하기 어려운 문장을 가지고 놀기 ▪ 날짜와 정보 기억하기 ▪ 유머	▪ 풍부한 어휘력 ▪ 언어 학습 능력 ▪ 훌륭한 수사적 표현 ▪ 쉬운 화법 ▪ 설득력 있는 화법 ▪ 메타언어적 분석 ▪ 언어 기억 ▪ 훌륭한 언어 이해력 ▪ 음운(소리), 통사(규칙), 화용(의미) 능력 ▪ 언어유희 ▪ 텍스트, 아이콘, 그래픽 등의 디지털 소통 능력	▪ 또래 평균보다 글쓰기를 잘한다. ▪ 상상 속 이야기를 지어내거나 우스갯소리를 한다. ▪ 이름, 장소, 날짜를 기억한다. ▪ 십자말풀이와 낱말 게임을 좋아한다. ▪ 책 읽기를 좋아한다. ▪ 맞춤법이 올바르다. ▪ 말의 운율이나 발음하기 어려운 문장을 좋아한다. ▪ 라디오를 듣거나 이야기를 듣는 것을 즐긴다. ▪ 또래 평균보다 어휘력이 좋다. ▪ 모든 것에 대해 언어적으로 의사소통한다.

필요한 것

- 책, 신문 등
- 녹음기
- 필기구
- 종이

문화적 가치

- 구전 동화
- 소설
- 문학 작품

목표

- 여러 가지 방법을 활용하여 정보를 비판적으로 선별한다.
- 목적에 따라 정보의 출처를 비판적으로 검토한다.
- 언어 전략을 사용하여 정보와 지식을 전달한다.
- 다양한 기술 자원을 그들이 작업 수단으로 사용한다.
- 상황에 맞는 풍부한 어휘로 유창하게 자기 자신을 표현한다.
- 모든 종류의 구어 텍스트를 이해한다.
- 대화에 적극적으로, 그리고 당당하게 참여한다.
- 즐겁게, 자율적으로, 그리고 적절한 속도로 읽는다.
- 자신의 글을 창작하는 데 편안함을 보인다.
- 풍부한 어휘로 문장을 통해 맞춤법과 글의 유창을 완전히 어린다.
- L2(제2언어) 대화에 유창하고 자연스럽게 참여한다.

평가 범위

- 이야기 구성 능력 : 훌륭한 서사 구조, 주제의 일관성, 대화의 사용, 올바른 시간 순서, 표현력, 어휘 수준, 문장 구조
- 자연스러운 글쓰기
- 서술 능력
- 창의적 단어 생성, 시
- 정보 전달 기술 : 내용의 정확성, 어휘의 복잡성, 자세하고 구체적인 설명, 문장의 구조, 논리적 구조

- 구두 발표, 강연
- 읽기, 이야기, 시 쓰기
- 주제에 맞는 이야기를 만들어 내기
- 우스갯소리, 연설
- 독서, 집단 독서
- 지문 해독하기
- 또 다른 언어 배우기
- 독서 클럽, 학급 도서관 활동
- 유머 : 농담, 운율이 있는 문구, 독백

지능 개발을 위한 활동

- 무작위로 선정된 주제에 관해 즉흥적으로 구술하기
- 창의적 글쓰기
- 정보 통신 기술 : 메일, 블로그
- 주제 토론, 토의, 대화
- 연극 대본 읽기
- 시, 동화, 이야기 듣기
- 단어 보드게임
- 인터뷰, 기자 활동
- 새로운 어휘를 익혀 의사소통할 때 사용하기

지능	능력	관련 직업
시각·공간 지능	■ 이미지를 통해 입체적으로 사고하며, 이미지를 도표로 나타내는 능력 ■ 내부 이미지와 외부 이미지를 인지하고 그것들을 변형시키며, 그래픽 정보를 이해하는 능력	■ 예술가, 발명가, 선원, 기술자, 조각가, 탐험가, 디자이너, 가이드, 화가, 외과 의사, 건축가

흥미	특징	관찰 평가
■ 디자인하고, 창조하고, 건축하기 ■ 시각화하기 ■ 느끼기, 깨어 있는 동안 꿈꾸기 ■ 휘갈겨 쓰기 ■ 3D 공간 활용하기	■ 풍부한 상상력 ■ 공간 속 사물들 간의 관계를 파악함 ■ 지도와 개요를 잘 이해함 ■ 색과 선, 형태, 공간 등을 잘 활용함 ■ 창의성, 서로 다른 것을 통합하는 능력 ■ 훌륭한 미술 표현 : 그림, 소묘, 조각 등 ■ 시각적 기억력이 우수함	■ 선명한 시각적 이미지를 갖고 있다. ■ 텍스트보다 지도나 도표를 더 잘 읽는다. ■ 텍스트보다 이미지를 더 잘 이해한다. ■ 다른 아이들보다 공상을 더 많이 한다. ■ 예술 활동을 즐긴다. ■ 또래 평균보다 그림을 더 잘 그린다. ■ 영화와 그림, 사진, 음악, 글을 시각적으로 편집한 것을 좋아한다. ■ 퍼즐을 좋아한다. ■ 3D 건축에 흥미를 갖는다. ■ 노트에 휘갈겨 쓴다.

필요한 것

- 예술
- 블록 쌓기
- 비디오, 슬라이드
- 가상 놀이
- 미로, 퍼즐

문화적 가치

- 예술품
- 회화 체계
- 건축 설계
- 발명

목표

- 문화와 예술의 진가를 알아보고 가치 있게 여긴다.
- 미학적 표현을 통해 생각을 전개하고 발전시키는 과정을 이해한다.
- 다양한 예술 기법과 지원, 재료들을 익힌다.
- 예술을 표현하는 과정에서 독창성과 창의성, 상상력을 보여준다.
- 예술적 재능을 키우는 것을 돕는다.

평가 범위

- 조각품 제작: 창의성을 발휘하거나 시각적 세계를 표현, 상상물 만들기 등
- 사람들이 잘 알고 있거나 자주 이야기하는 동물 그리기
- 가치 표현, 독창적인 상상, 형태·색·장식 등에 관한 예술적 재능
- 가족 구성원 그리기
- 상상의 동물 그리기
- 평면적 표현 기술, 실제 사물을 상징적인 것으로 바꾸기, 현실적인 비율과 세부 사항 적용하기
- 유연성, 상상력, 독창성에 대한 탐구 능력
- 선, 색, 형태, 분위기, 균형, 장식 등에 관한 예술적 재능

지능 개발을 위한 활동

- 벽화, 콜라주, 태피스트리
- 디자인 책자, 컴퓨터 디자인
- 비디오, 화보, 사진, 몽타주
- 박물관 방문
- 주제에 맞는 색채 및 질감 찾기
- 영화나 광고 만들기
- 주택 내부와 외부 디자인
- 예술 경연 대회, 시와 소설에 맞는 삽화 그리기
- 시각화, 추상적 개념 형상화
- 예술 프로젝트: 그림 그리기, 소묘, 조각 등
- 지도나 노선 그리기
- 개념도, 인식도
- 레고, 보드게임
- 미로, 퍼즐, 가상 놀이
- 개념을 나타내는 그래프나 도표 만들기
- 시각적 상상력, 시나리오 공상
- 오감 워크숍

논리·수학 지능

- 논리적으로 생각하고 사고하는 능력
- 수학 연산을 처리하고, 가설을 세워 시험하며, 일상생활의 사건들을 순서대로 정리하여 추론하거나 논리적 유형을 도출하는 능력

- 과학자, 기술자, 연구원, 수학자, 분석가, 은행가

- 질문하기, 계산하기
- 논리 퍼즐 풀기
- 추상적 기호 사용하기
- 암호 해독하기
- 개체 연결하기
- 실험하기
- 숫자, 공식
- 통계, 도표
- 귀납적·연역적 추론
- 과학적 사고

- 문제를 논리적으로 분석한다.
- 수학 연산을 해결한다.
- 과학적으로 연구한다.
- 추상적 구조를 인식한다.
- 귀납적-연역적 추론에 능하다.
- 관계와 연결을 구별한다.
- 복잡한 계산을 수행한다.
- 인과관계에 대한 이해력이 뛰어나다.
- 숫자를 효과적으로 사용한다.
- 추상적 개념의 시각화에 뛰어나다.
- 의사소통 과정에서 추론과 삼단논법 등을 사용한다.
- 정보를 적절하게 구조화한다.

- 모든 것이 어떻게 작동하는지에 대해 많이 질문한다.
- 산술적 계산 문제들을 빠르게 처리한다.
- 수학 수업을 즐긴다.
- 체스, 체커스, 전략 게임을 즐긴다.
- 논리 퍼즐을 좋아한다.
- 사물을 항목별로 분류하는 것을 좋아한다.
- 실험하는 것을 좋아한다.
- 나이에 비해 더 높은 수준에서 추상적으로 생각한다.
- 인과관계에 대한 감각이 뛰어나다.

필요한 것

- 실험 재료
- 과학 재료
- 조작 재료

문화적 가치

- 과학적 발견
- 수학 이론
- 미적분
- 분류 체계

목표

- 문제를 제대로 파악하고 그것을 정확하게 표현 할 수 있다.
- 비교나 대조, 또는 순서 배열을 통해 생각을 분 석할 수 있다.
- 근거, 판단, 가정을 통해 주장을 평가한다.
- 유사한 상황을 예측하고 일반화한다.
- 수학 언어를 정확하게 사용한다.
- 수학 지식을 다른 영역에 적용한다.
- 미적분과 확률, 통계를 적절히 사용한다.
- 현실적으로 추정한다.

평가 범위

- 숫자에 대한 지식, 계산, 게임의 규칙, 전략의 사 용
- 공간 추론과 문제 해결 능력
- 숫자 및 공간 추론, 논리적 문제 해결 능력

지능 개발을 위한 활동

- 논리적 유형: 숨은 유형 찾기
- 사고력 게임, 퍼즐 풀기
- 조각 실험, 조사
- 분류하기, 비교하기
- 과학적 방법 적용하기
- 암호 해독하기, 기호로 소통하기
- 그래픽디자인: 벤다이어그램
- 과학박물관, 천체 투영관 방문
- 올바른 절차를 찾는 문제 해결

- 산출, 추산, 예측
- 일반적 사고, 주장
- 퍼즐, 논리 게임
- 통계와 숫자로 나타낸 사실 분석하기
- 기호 또는 공식 개발하기
- 모순된 발상들 사이에 연결고리 만들기
- 도표: 단계 논리적 설명 고안하기
- 삼단논법: 주제에 대한 가설, 추론 만들기

지능

신체·운동 지능

능력

- 전신 또는 몸의 일부로 생각과 느낌을 표현할 수 있는 능력
- 손으로 사물을 변형시키고, 접촉이나 몸의 움직임 또는 감각을 통해 정보를 표현하는 능력

관련 직업

- 운동선수, 장인, 외과의사, 댄서, 건축가, 조각가, 배우, 타이피스트, 음악가, 운동가, 엔지니어, 마임 예술가

흥미

- 춤추기
- 뛰고 달리기
- 악기 연주하기
- 제스처, 마임
- 운동
- 연극
- 색다른 재료들로 건축하기
- 몸짓 언어
- 창조적 움직임

특징

- 운동 제어 능력, 균형, 유연성, 속도, 힘 등
- 민첩함과 우아함
- 어떻게 행동하고 반응할지 조절함
- 몸을 사용하여 문제를 해결함
- 몸과 마음의 연결
- 마임 능력
- 신체 인식
- 수작업 능력
- 선발 주자
- 악기 연주에 능숙함
- 운동, 연기, 수공예에 능함

관찰 평가

- 하나 이상의 운동을 탁월하게 잘한다.
- 앉아 있을 때 움직이거나 박자를 맞춘다.
- 다른 사람의 몸짓이 태도를 잘 흉내 낸다.
- 사물을 분해하고 재조립하는 것을 좋아한다.
- 달리고, 뛰어오르고, 레슬링 하는 것을 좋아한다.
- 공예나 수작업에 능숙하다.
- 상대가 말하는 것을 행동을 통해 표현한다.
- 자신의 신체 감각을 인식한다.
- 몇 가지 악기를 능숙하게 다룬다.
- 접토 놀이나 촉각 경험을 좋아한다.

필요한 것

- 역할놀이
- 건축 게임
- 운동장
- 손으로 만질 수 있는 재료들

문화적 가치

- 수공예품
- 육상 경기
- 연극
- 춤
- 조각품

목표

- 표현할 때 진취성, 상상력, 창의성을 보여준다.
- 심미적 능력을 기르는 것을 즐긴다.

평가 범위

- 창조적 움직임: 신체 표현의 수단으로서 춤출 추면서 다른 사람의 신체 이해하기, 신체 운동 및 감각 조정력
- 리듬에 대한 감수성
- 표현력
- 신체 제어
- 움직임을 통해 새로운 아이디어 창출
- 음악에 대한 감수성

지능 개발을 위한 활동

- 마술 경연 대회
- 공연, 연극, 신체 조소
- 건설, 건축
- 춤, 안무, 음악
- 흉내 내기
- 몸으로 생각 표현하기
- 주제를 나타내는 극적인 표현
- 발명: 물체의 작동 과정과 방법을 볼 수 있는 모형
- 정해진 율동: 주제를 표현하기 위한 몸의 움직임
- 주제에 관한 지식을 바탕으로 게임과 퀴즈 발명하기
- 춤으로된 이야기 해석하기
- 역할극: 주제가 있는 이야기 표현하기
- 운동, 신체 활동, 움직임
- 정보를 처리하기 위한 신체 감각
- 조작과 실험
- 신체 조소
- 주제와 생각을 표현하는 창의적인 춤

지능	능력	관련 직업

음악 지능

능력
- 음악 형식을 인지하고(비전문가), 평가하고, 변형시키고(작곡가), 표현하는(연주자) 능력
- 리듬, 음의 높이, 선율을 인지하고 사용하는 감각

관련 직업
- 가수, 작곡가, 음악 평론가, 오케스트라 지휘자, 무용수, 음악가

흥미
- 일상적인 소리와 악기 소리 인식
- 노래하거나 휘파람을 불거나 흥얼대 부르기
- 화음 넣기
- 손과 발로 리듬 맞추기
- 악기 연주하기
- 새로운 음악 스타일 만들기
- 음악 듣기

특징
- 음악을 작곡하고 평가하는 데 능숙하다.
- 음색, 리듬, 음색 등을 제대로 인식한다.
- 음의 변주, 리듬, 음색 등을 인지하며 작곡 한다.
- 자연의 소리와 모든 음악의 선율에 민감 하다.
- 음악의 형식을 잘 인지하고 변형할 수 있다.
- 단지 음악을 좋아하는 것 이상이다.

관찰 평가
- 틀린 음이나 불협화음을 알아차린다.
- 음악의 선율을 기억한다.
- 노래하는 목소리가 좋다.
- 악기를 연주하고, 합창단 또는 소규모 그룹에서 노래한다.
- 리듬을 타면서 노래하거나 움직인다.
- 무심결에 콧노래를 부른다.
- 일하는 동안 리듬을 타면서 탁자를 두드린다.
- 일상적인 소리에 민감하다.
- 오디션에서 좋은 성과를 보인다.
- 교실 밖에서 배운 노래를 부른다.

필요한 것

- 악기
- 음악 시스템
- 녹음 장치

문화적 가치

- 음악 작곡
- 음악 연주
- 녹음

목표

- 진취성, 상상력, 창의성을 음악으로 표현한다.
- 음악적 능력을 기르는 것을 즐긴다.

평가 범위

- 가장 좋아하는 노래 부르기, 노래 기억하기, 노래 만들기
- 음 높이 및 음색에 관한 감각
- 리듬 감각
- 음악 인식, 음악 제작, 작곡

지능 개발을 위한 활동

- 주제에 맞는 악기 소리 또는 목소리 제작
- 리듬을 사용하여 주제에 전달하기, 리듬 게임
- 다른 나라 음악 접하기
- 악기 개발 및 사용
- 작곡 일지 만들기
- 노래 가사 및 주제에 맞는 랩 만들기
- 주제에 맞는 일상 소음 식별하기
- 음악 듣기
- 음악과 함께 작업하기
- 음악적 리듬이 있는 공연 만들기
- 콘서트 관람
- 정해진 춤 동작
- 음악 선율 만들기
- 기본 사운드 및 악기 사용하기
- 기존 곡반주에 맞는 노래 만들기
- 피아노 교육
- 오케스트라 만들기
- 음악적 느낌 표현하기

지능

자연 탐구 지능

능력

- 자연현상을 관찰하고 체계를 이해하는 능력
- 자연계, 식물과 동물, 생물과 자연을 이해하고, 이들과 효과적으로 협업하는 능력

관련 직업

- 생물학자, 식물학자, 약초 전문가, 원예사, 생태학자, 지질학자, 고고학자, 물리학자, 화학자

흥미

- 실험하기
- 환경 보호하기
- 종 분류하기
- 애완동물과 놀기, 원예
- 관찰, 식별, 분류, 비교 및 분류화 하기
- 자연 연구하기
- 식물과 동물 기르고 보살피기

특징

- 자연적 사물을 연구하는 능력
- 사물에 대한 감성
- 생물에 대한 관심과 교감
- 생물 종과 군에 대한 인식과 분류
- 자연이 사람에 미치는 영향, 그리고 사람이 자연에 미치는 영향에 대한 인식
- 동물이나 식물에 대한 사랑
- 좋은 것과 생물 탐함기
- 종들 간의 관계 인식
- 환경에 대한 관찰과 실험, 반성

관찰 평가

- 특별한 방식으로 동물에 매료된다.
- 사물을 세심하게 돌보고 관찰한다.
- 자연물을 수집한다.
- 자연물을 분류한다.
- 다큐멘터리에 매력을 느낀다.
- 취미로 자연 사진을 찍고 그림을 그린다.
- 동물 종과 식물 종을 구별한다.
- 자연 탐방을 즐긴다.
- 실험을 즐긴다.
- 문제를 해결하기 위해 프로젝트를 제안한다.

필요한 것

- 자연
- 동물
- 식물
- 확대경, 망원경 등

문화적 가치

- 일반적인 자연 분류 체계
- 약초 관련 지식
- 사냥 의례
- 동물 신화

목표

- 지구 환경에 관해 문제의식을 갖거나 어떤 문제가 있는지 탐구한다.
- 변수들을 하나로 묶어 있는 가설을 세운다.
- 가설에 따라 연구한다.
- 데이터를 일관되게 그리고 정확하게 관찰하고 기록한다.
- 가설이 맞거나 틀렸음을 증명하는 정보를 분석하고 해석한다.
- 인간 활동의 결과를 분석하여 결정한다.
- 과학 이론을 이해하고 다양한 상황에 적용해 본다.
- 항목별로 정확하게 분류한다.
- 과학 기술 장비를 이해하고 사용한다.
- 문제를 해결하기 위해 프로젝트를 계획하고 수행한다.

평가 범위

- 유동성 발견
- 개체 분류 및 체계화
- 관찰 능력
- 가설을 세우는 능력
- 실험 능력

지능 개발을 위한 활동

- 과학적 방법 적용하기
- 동식물 보살피고 조사하고 식별하기
- 현미경, 돋보기, 망원경 사용하기
- 유용한 생물 종과 위험한 생물 종 알아보기
- 환경 관련 프로젝트, 먼지용 알림
- 자연 관련 소모, 사진, 동영상, 모형 만들기
- 동물과 관계 맺기
- 학교 텃밭 가꾸기
- 자연, 관광, 여행의 가치를 인식하고 이해하기
- 전체 투영관, 박물관, 동물원, 농장 방문하기

- 탐색 및 조작 활동
- 자연 및 기후 관찰
- 수집하기, 분류 체계 사용하기
- 관찰 일지, 가상 자연 체험
- 재활용
- 자연과 소통하기, 가상 감각 체험
- 야외 활동
- 자연 조사하기

지능	능력	관련 직업

대인 관계 지능

능력
- 다른 사람의 기분, 동기, 욕망을 파악하고 이에 반응하는 능력
- 다른 사람과 교류하고 이해하며 협업하는 능력

관련 직업
- 판매원, 정치인, 교사, 교육가, 치료가, 상담사, 종교인, 사회복지사, 마케터

흥미	특징	관찰 평가

흥미
- 총괄하고 조직하기
- 친구 사귀기
- 사람들과 이야기하기
- 사람들과 관계하기
- 피드백 주기
- 중재하고, 협상하고, 공감하기
- 모임, 파티
- 그룹 프로젝트
- 협동 학습
- 다른 사람의 감정을 직관적으로 알아차리기

특징
- 사교성이 뛰어나다.
- 다른 사람의 감정, 동기, 욕망을 잘 이해한다.
- 관계의 촉진제 역할을 한다.
- 언어적·비언어적 의사소통 능력이 뛰어나다.
- 동반 상승효과를 낸다.
- 반응을 잘한다.
- 협업을 잘한다.
- 설득력 있게 협상한다.
- 자신감 있는 지도자다.
- 갈등 해결 능력이 있다.
- 교사: 행동하기 전에 개별 상황을 분석한다. 무언가가 효과가 없을 때 대안이 있다. 학급에서 비언어적 메시지를 듣는다.

관찰 평가
- 동급생들과 교제하는 것을 좋아한다.
- 타고난 지도자처럼 보인다.
- 친구들의 문제에 조언한다.
- 클럽, 위원회 등에 속해 있다.
- 다른 사람을 비공식적으로 가르치는 것을 좋아한다.
- 다른 아동들과 노는 것을 좋아한다.
- 친한 친구가 두 명 이상 있다.
- 다른 사람에게 공감하고 다른 사람을 보살핀다.
- 동료들을 찾는다.

필요한 것

- 사회적 모임
- 그룹
- 클럽
- 집단행동

문화적 가치

- 정치적 기록
- 사회 제도

목표

- 다양한 관점을 이해하고, 존중하며, 소중히 여긴다.
- 정서적 균형을 이룬다.
- 모든 사교 기술을 관리한다.
- 집단에 기여하고 다른 사람의 참여를 끌어들이는 데 책임을 진다.
- 적극적으로 경청하고 자신의 생각을 적중하고 허심탄회하게 표현한다.
- 집단의 발전에 도움이 되는 긍정적 태도를 보인다.
- 자신이 대접받고 싶은 대로 다른 사람을 대접한다.
- 차이를 긍정적 자료로 본다.
- 평화와 민주주의를 위한 연대 프로젝트에 참여한다.

평가 범위

- 자기 자신에 대해 아는 능력
- 다른 사람에 대해 아는 능력
- 지도자, 조력자 등의 역할을 수행하는 능력과 이러한 사회적 역할에 대한 지식

지능 개발을 위한 활동

- 모임, 클럽, 파티, 단체 게임
- 주제를 여러 부분으로 나누고 서로서로 가르치기
- 교사, 개인 지도 교사, 조언자, 제자들과의 관계
- 협동 작업, 체계적인 팀에서 작업하기
- 창조적·집단 연구 프로젝트
- 활동 공유하기
- 사람들 간의 관계 방식을 관찰하고 개선책 제시하기
- 효율적 관계를 위한 사회적 기술 향상 프로그램
- 도움을 주고받으며 외부인의 의견 수용하기
- 피드백 : 다른 사람의 의견에 정직하게 답하기
- 왜 그들이 그와 같은 행동을 했느지를 탐색하기
- 어떤 상황에서 다른 사람이 어떻게 느끼는지 감지하고 축적하기

- 병원 방문
- 수다, 인터뷰
- 감도 해결 훈련
- 역할극
- 다문화 교육
- 공감 : 다른 사람의 관점에서 표현하기

지능

자기 이해 지능

능력

- 마음속의 감정을 구별하고, 자신의 강점과 약점을 아는 능력
- 자기 자신을 이해하고, 이러한 이해를 토대로 다양한 상황에 대처할 수 있는 능력

관련 직업

- 심리 치료사, 종교 지도자, 철학자, 심리학자

흥미

- 되돌아보기
- 목표 정하기, 계획하기
- 꿈꾸기
- 묵상하기
- 조용히 있기
- 지시하기
- 혼자 일하기
- 자신의 느낌과 감정 조정하기
- 자기 자신에 대해 알기

특징

- 자기 자신, 그리고 본인의 감정 및 동기에 대해 되돌아보는 능력
- 뛰어난 집중력
- 초인지
- 자신의 감정을 식별함
- 자신의 생활을 잘 조직함
- 자기 수양
- 내면의 힘
- 좋은 상담자
- 자신의 행동을 이해함
- 스트레스 정도와 행동을 통제함
- 자신의 역량과 한계 인식
- 현실적인 목표 설정

관찰 평가

- 독립적이거나 자기 의지가 강하다.
- 자신의 능력과 약점을 안다.
- 혼자서 일하거나 공부한다.
- 일반인과 다른 생활 주기 및 학습 주기를 갖고 있다.
- 자신의 취미에 대해 그다지 말하지 않는다.
- 뛰어난 자기 주도성
- 혼자 일하는 것을 선호한다.
- 자신이 어떻게 느끼는지 정확하게 표현한다.
- 실수와 성공으로부터 배운다.
- 자존감이 높다.

필요한 것

- 조용하게 쉴 수 있는 공간
- 자기만의 시간

문화적 가치

- 종교 제도
- 심리학 이론들
- 통과의례

목표

- 주의 집중, 기억력, 이해력, 표현력, 학습 동기, 집중력 등 자신의 학습 능력을 인식하고 있다.
- 책임감과 의무감을 갖고 꾸준히 노력한다.
- 더 나은 성과를 얻기 위해 전략과 학습 방법을 선택한다.
- 배움을 즐기며 흥미와 호기심을 보인다.
- 성취 가능한 목표를 정하고, 시간을 효율적으로 계획한다.
- 자신의 지적, 정서적, 신체적 능력을 알고 수용한다.
- 자신감을 갖고 능숙하게 결정하며 거침없이 말한다.
- 문제에 직면하고 실수로부터 배우며 조언을 구하는 방법을 안다.
- 다른 사람의 관점을 경청하고 수용하며, 그에 맞춰 자신을 조정할 수 있다.
- 집단 내 다른 사람에게 긍정적인 영향을 미치며, 그들을 돕는다.

평가 범위

- 교사 관찰 평가(설문지)
- 자기 평가
- 자기 이해

지능 개발을 위한 활동

- 비밀 장소 이용
- 집중 훈련
- 프로젝트 수행을 위한 대안 활동
- 개인 작업, 느낌과 생각 표현하기
- 자존감을 키우는 활동
- 개인의 삶에 일상에 주제 적용하기
- 개별 주기에 맞춰 조정 가능한 프로젝트들
- 효과적인 시간 관리
- 기억을 종합하고 통합하여 적용해 나가는 사고 훈련
- 비판적 사고와 창조적 사고가 필요한 작업, 포트폴리오 활동
- 고독의 시간, 반성의 시간 갖기
- 초인지 훈련
- 자서전, 자기 평가, 생각 읽기
- 개별 과제에 적합한 사고 단계 찾기
- 단체 후원 활동
- 브레인스토밍
- 긍정적인 시간 갖기, 기분 전환하는 법 배우기
- 정서와 감정 분석하기

| 사 고 기 능 표 |

저차원적 사고 기능

지식	이해	응용
어떤 사건을 이해하지 못해도 이를 기억하거나 상기할 수 있다. 사건, 용어, 기본 개념, 정답을 기억하면서 학습한 주제에 대해 설명할 수 있다.	다양한 형태의 교육 자료로부터 의미를 도출해 낼 수 있다. 객관적 사실 또는 주관적 견해로 이루어진 기초적인 지식을 설명할 수 있다.	새로운 상황에 적용해 볼 수 있다. 습득한 지식과 기술, 규칙을 다양한 방식으로 적용해 보면서 문제를 해결할 수 있다.

키워드			키워드			키워드		
어떻게	명명하기	모방하기	질문하기	예를 들기	가르치기	행동	각색하기	계획하기
따라 하기	관찰하기	이야기하기	인용하기	실증하기	요약하기	관리	사용하기	연습하기
정의하기	제외하기	선택하기	정돈하기	말하기	번역하기	응용	분류하기	말하기
재생산하기	인용하기	가르치기	비교하기	추론하기		관련짓기	인식하기	시각화하기
선택하기	읽기	맞춤법	점검하기	해석하기		형성하기	평가하기	선택하기
찾기	재명명하기	상황	기술하기	연결시키기		계산	해석하기	보여주기
듣기	나열하기	말하기	주장하기	조사하기		분류하기	이해하기	모의실험
표시하기	알기	그리기	추측하기	계획		선택	인터뷰	해결하기
확인하기	기록하기	무엇	설명하기	보고서		정돈하기	관계	요약하기
목록화하기	검색하기	언제	표현하기	사용하기		연결하기	활용	가르치기
위치 찾기	연결시키기	누가	예상하기	연결하기		창조하기	조작	옮기기
관련시키기	기억하기	왜	덧붙이기	다르게 표현하기		연관성	모형	변형하기
암기하기	반복하기	쓰기	일반화하기	확인하기		시도하기	조직하기	이용하기
						개발하기	실행하기	

활동	결과	활동	결과	활동	결과
묘사하기	정의	분류하기	수집	실행하기	시험
찾기	사건	비교하기	예시	창조하기	일기
확인하기	표	예시하기	설명	시행하기	그림
위치 찾기	목록	추론하기	표	활용하기	인터뷰
명명하기	시험	해석하기	목록		공연
인식하기	모방	환언하기	계획		발표
	검사	요약하기	시험		조각
	문서		가르치고 설명하기		모의실험
	스프레드시트		요약		

질문	질문	질문
당신은 세 가지 ~에 대해 언급할 수 있는가?	당신은 어떤 상황이 발생했는지 그리고 그것이 무엇을 의미하는지 설명할 수 있는가?	당신은 어떻게 ~을 사용하는가?
당신은 ~을 기억할 수 있는가?	당신은 ~을 어떻게 설명하겠는가?	~에 대해 어떤 예시를 찾을 수 있는가?
당신은 ~을 선택할 수 있는가?	당신은 ~을 어떻게 비교하거나 대조시키겠는가?	당신은 ~을 사용해서 어떻게 그 문제를 해결하겠는가?
어떻게 그 사건이 발생했는가?	당신은 어떻게 그것을 다른 방식으로 말하겠는가?	당신은 ~을 설명하기 위해 어떻게 그것을 구성하겠는가?
~은 현재 어떠한가?	당신은 ~에 대해 무엇을 말할 수 있는가?	당신은 ~이 의미하는 바를 어떻게 표현하겠는가?
당신은 어떻게 ~을 묘사하겠는가?	어떤 상황이나 아이디어가 제시되는가?	당신은 어떤 관점을 이용하는가?
당신은 어떻게 ~을 설명하겠는가?	~에 대한 주된 생각은 무엇인가?	당신은 ~을 개발하기 위해 당신이 배운 것을 어떻게 활용하겠는가?
당신은 어떻게 ~을 보여주겠는가?	~에 대한 가장 적합한 답은 무엇이었는가?	
~은 무엇인가?	당신은 그것을 다른 말로 표현하거나 해석할 수 있는가?	당신은 어떻게 ~을 다른 방식으로 계획하겠는가?
~은 언제 이루어졌나?		만약 ~을 가정한다면 어떤 일이 발생하겠는가?
~은 언제 발생했는가?		당신은 ~을 바꾸기 위해 어떤 요소들을 선택하겠는가?
~은 어디에 있는가?		당신은 ~을 설명하기 위해 어떤 사실들을 선택하겠는가?
전체 중에서 ~은 어떤 것인가?		당신이 ~을 인터뷰한다면 어떤 질문을 하겠는가?
~은 누구였나?		
~은 왜 그러한가?		

블룸의 분류학

고차원적 사고 기능 →

분석 →

정확히 조사하고, 사건의 원인과 이유를 파악하기 위해 정보를 점검하고 분류할 수 있다. 일반적인 결론을 도출하기 위해 증거를 탐색하고 추론할 수 있다.

종합 →

새로운 것을 만들거나 기존의 것을 바꿀 수 있다. 여러 요소들을 통합하여 정보를 다양하게 처리할 수 있고, 대안을 제시할 수 있다.

평가 →

주장하고 설득할 수 있다. 여러 관점에서 자신의 생각과 의견을 제시하고 방어할 수 있다. 다양한 생각과 결과물을 평가할 수 있다.

키워드

분석		종합		평가	
분석하기	중요 단계	조정하기	추정하기	제안하기	동의	추정하기	우선순위
평가하기	토론	추가하기	실험하기	고려하기	평가하기	증명하기
수용하기	추론	형성하기	확대하기	점검하기	주장하기	설명하기	계산하기
형성하기	조사	바꾸기	발생	다시 쓰기	가능하기	이유 제시	추천하기
계산하기	분리하기	선택하기	가설	단순화하기	선택하기	괜찮은	나타나기
정돈하기	목록	결합하기	상상하기	해결하기	비교하기	정도	선별하기
선택하기	이유	편집하기	개선하기	추측하기	결론짓기	인지 방법	동의하기
조직하기	생략	구성하기	혁신하기	대체하기	고려하기	중요성	검사하기
발견하기	정돈	행동하기	발명하기	가정하기	확신시키기	추론하기	유효한
설명하기	창조하기	전환하기	완성하기	표 만들기	기준	영향	입증하기
나누기	주제	창조하기	극대화하기	검사하기	비판	해석	가치
표현하기	우선순위	삭제하기	최소화하기	이론화하기	논쟁하기	판단	왜?
정립하기	질문	디자인하기	모형 수정	사고	추론하기	정당화하기
조사하기	순위	개발하기	독창성	변형하기	방어하기	자격
검색하기	이유	발생	고안하기	시각화하기	결정하기	측정
초점 맞추기	관계	발견하기	계획하기		부인하기	의견 제시
임무	재조직하기	주장하기	예상하기		반박하기	인식하기
분류	조사	상술하기	생산하기		효과적인	설득하기

활동	결과	활동	결과	활동	결과
해체하기	개요	형성하기	광고	점검하기	개요
통합하기	표	디자인하기	영화	해체하기	표
조직하기	점검 표	발명하기	일반 제작물	통합하기	점검 표
설명하기	데이터베이스	행동하기	새로운 게임	조직하기	데이터베이스
구조화하기	그래프	계획하기	이미지	강조하기	그래프
	모빌	생산하기	그림	구조화하기	모빌
	보고서		계획		보고서
	스프레드시트		프로젝트		스프레드시트
	질문지		노래		질문지
			이야기		

질문

분석

~의 부분 또는 특징은 무엇인가?
~은 ~과 어떻게 관련되어 있는가?
당신은 ~에 대해 어떻게 생각하는가?
~의 주제는 무엇인가?
그것은 왜 그러한가?
당신은 ~를 구성하는 요소들의 목록을 만들 수 있는가?
당신은 ~에 대해 어떤 추론을 할 수 있는가?
당신은 ~에 대해 어떤 결론을 도출할 수 있는가?
당신은 ~을 어떻게 분류하겠는가?
당신은 ~을 어떻게 구분하겠는가?
당신은 ~의 다른 부분들을 인식할 수 있는가?
당신은 ~에 대해 어떤 증거를 찾을 수 있는가?
~과 ~의 관계는 어떠한가?
~과 ~를 서로 구분할 수 있는가?
~의 기능은 무엇인가?
그들은 ~에 대해 어떤 견해들을 타당하게 보여줄 수 있는가?

종합

당신은 ~를 해결하기 위해 무엇을 바꿀 수 있는가?
당신은 어떻게 ~를 개선하겠는가?
만약 ~를 가정한다면 어떤 일이 발생하겠는가?
당신은 ~에 대해 더 자세하게 설명할 수 있는가?
당신은 대안을 제시할 수 있는가?
당신은 ~을 새롭게 만들 수 있는가?
당신은 다른 ~을 창조하기 위해 ~을 조정할 수 있는가?
당신의 ~에 대한 계획을 어떻게 바꿀 수 있는가?
~를 최대화/최소화하기 위해 무엇을 할 수 있는가?
당신은 어떤 대안을 제시할 수 있는가?
당신이 ~을 할 수 있다고 가정한다면 당신은 어떻게 하겠는가?
당신은 ~을 어떻게 시험하겠는가?
당신은 ~에 대한 이론을 구성할 수 있는가?
당신은 ~의 결과에 대해 어떤 추정을 할 수 있는가?
당신은 당신이 바꾸길 원하는 대상에 대한 새로운 모형을 만들 수 있는가?
당신은 ~에 독창적인 대안을 생각할 수 있는가?

평가

당신은 ~의 행동/결과에 동의하는가?
~에 대한 당신의 의견은 어떠한가?
당신은 ~을 어떻게 시험할 수 있는가?
당신은 어떻게 ~의 가치를 평가할 수 있는가?
만약 ~를 가정한다면 더 좋을 것인가?
당신은 ~에 대해 무엇을 추천할 수 있는가?
당신은 ~을 어떻게 평가하겠는가?
당신은 ~을 방어하기 위해 무엇을 주장하겠는가?
당신은 어떻게 ~을 결정하겠는가?
당신은 ~에 대해 다른 옵션들을 제공한 적이 있는가?
당신은 ~에 대해 무엇을 선택하겠는가?
당신은 ~에 대한 우선순위를 정하기 위해 무엇을 하겠는가?
당신은 ~에 대해 무엇을 결정하겠는가?
당신은 학습한 내용을 바탕으로 어떻게 ~을 설명하겠는가?
당신은 ~을 옹호하기 위해 어떤 정보를 사용하겠는가?
당신은 ~을 어떻게 정당화하겠는가?
~의 결론을 내기 위해 어떤 데이터가 사용되었는가?

참고 문헌

- ACASO, María: *Reduvolution: Hacer la revolución en la educación,* Paidós, 2013.

- AZKARRAGA ETXAGIBEL, Joseba: *Hezkuntza, gizartea eta eraldaketa kooperatiboa: Zenbait gogoeta, Gizabidea Fundazioaren gogoeta estrategikorako,* Lanki – Mondragon Unibertsitatea, 2010.

- BERGMANN, Jonathan; SAMS, Aaron: *Dale la vuelta a la clase,* EDICIONES SM, 2014.

- CRISTÓBAL, Rafael: *Fundamentos del ser humano: Una psicología para educadores,* Mondragon Unibertsitatea, 2007.

- CRISTÓBAL, Rafael: *El niño en la mirada del conocimiento: Una pedagogía de la confianza,* La Infancia, 2010.

- CRISTÓBAL, Rafael: *Fundamentos psicológicos para una Pedagogía de la Confianza – Konfidantza Pedagogiaren oinarri psikologikoak,* R. Cristóbal, 2015.

- FERNÁNDEZ DOMÍNGUEZ, Maria Rosario: "Más allá de la educación emocional: La formación para el crecimiento y desarrollo personal del profesorado. PRH como modelo de referencia" in REVISTA INTERUNIVERSITARIA DE FORMACIÓN DEL PROFESORADO, 54 (2005).

- GARDNER, Howard: Inteligencias múltiples: la teoría en la práctica. Paidós, 1995.

- IBARROLA LÓPEZ DE DAVALILLO, Begoña: *Aprendizaje emocionante: Neurociencia para el aula,* Ediciones SM, 2013.

- JOHNSON, David W. – JOHNSON, Rogèr T. – HOLUBEC, Edythe: *El aprendizaje cooperativo en el aula.* Paidós, 1999.

- MARINA, José Antonio: *La inteligencia ejecutiva,* Ariel, 2012.

- MONTAGNER, Hubert: *L'enfant et la communication,* Stock, 1984.

- MORA, Francisco: *Neuroeducación,* Alianza Editorial, 2013.

- PÉREZ GÓMEZ, Angel I.– GIMENO SACRISTÁN, José: *Comprender y transformar la enseñanza,* Morata, 1992.

- PIKLER, Emi: *Moverse en libertad,* Narcea Ediciones, 1985.

- PRH INTERNACIONAL: *La persona y su crecimiento: Fundamentos antropológicos y psicológicos de la formación PRH,* PRH internacional, 1997.

- TORRALBA, Francesc: *Inteligencia espiritual,* Plataforma, 2010.

- ROEGIERS, Xavier: *Una pedagogía de la integración. Competencias e integración de los conocimientos en la enseñanza,* Fondo de Cultura Económica, 2010.

- ROSENBERG, Marshall: *Comunicación no violenta. Un lenguaje de vida,* Gran Aldea Editores, 2006.

- ROSENBERG, Marshall: *Resolver conflictos con la comunicación no violenta,* Acanto, 2011.

- WILLIAM, Dilan: EMBEDDED FORMATIVE ASSESSMENT, Solution Tree, 2011.

- VARIOUS AUTHORS: *El aprendizaje basado en el pensamiento,* Ediciones SM, 2015.

자율과 협동을 배우는 신뢰의 교육학

학교와 마을을 잇는 교육공동체

이카스톨라 이야기

1판 1쇄 발행 2019년 10월 30일 **1판 2쇄 발행** 2020년 10월 23일

지은이 아마이아 안테로 인차우스티 **옮긴이** 남선옥·주수원·한상민

펴낸이 전광철 **펴낸곳** 협동조합 착한책가게

주소 서울시 은평구 통일로 684 1동 3C033

등록 제2015 - 000038호(2015년 1월 30일)

전화 02) 322 - 3238 **팩스** 02) 6499 - 8485

이메일 bonaliber@gmail.com

ISBN 979 - 11 - 962410 - 9 - 4 (03370)

• 책값은 뒤표지에 있습니다.

• 잘못된 책은 구입하신 서점에서 바꾸어 드립니다.

이 도서의 국립중앙도서관 출판예정도서목록(CIP)은 서지정보유통지원시스템 홈페이지(http://seoji. nl.go.kr)와 국가자료공동목록시스템(http://www.nl.go.kr/kolisnet)에서 이용하실 수 있습니다. (CIP제어번호: CIP2019040424)